首批国家级一流本科专业建设点系列教材
支持线上线下混合式教学的"纸质课程＋在线课程"一体化教材
本教材适用于韩国语专业本科生、二外学生及培训班学员

中级韩国语阅读
중급 한국어 읽기
（1）

总 主 编　全永根
主　　 编　易　超
副 主 编　金丽华　〔韩〕裴允卿
编　　 委　金英姬　池圣女　卢锦淑

图书在版编目(CIP)数据

中级韩国语阅读.1 / 全永根总主编;易超主编. — 北京:北京大学出版社,2022.10

21世纪韩国语系列教材

ISBN 978-7-301-33326-6

Ⅰ.①中… Ⅱ.①全…②易… Ⅲ.①朝鲜语-阅读教学-高等学校-教材 Ⅳ.①H559.4

中国版本图书馆CIP数据核字(2022)第173881号

书　　名	中级韩国语阅读(1) ZHONGJI HANGUOYU YUEDU (1)
著作责任者	全永根 总主编　易 超 主编
责任编辑	刘 虹
标准书号	ISBN 978-7-301-33326-6
出版发行	北京大学出版社
地　　址	北京市海淀区成府路205号　100871
网　　址	http://www.pup.cn　新浪微博:@北京大学出版社
电子信箱	编辑部 pupwaiwen@pup.cn　总编室 zpup@pup.cn
电　　话	邮购部 010-62752015　发行部 010-62750672　编辑部 010-62759634
印 刷 者	北京虎彩文化传播有限公司
经 销 者	新华书店 787毫米×1092毫米　16开本　12印张　210千字 2022年10月第1版　2024年8月第2次印刷
定　　价	66.00元

未经许可,不得以任何方式复制或抄袭本书之部分或全部内容。
版权所有,侵权必究
举报电话:010-62752024　电子信箱:fd@pup.cn
图书如有印装质量问题,请与出版部联系,电话:010-62756370

前　言

在专业外语教学当中，阅读课程作为传授语言知识和训练语言技能的重要途径，发挥着不可替代的作用。鉴于目前我国高等教育对外语类人才综合发展的要求和阅读课程在外语教学中的重要作用，本教材以中级以上水平的韩国语学习者为对象，在传授语言知识的同时，通过对阅读材料的精挑细选、章节主题的合理安排、单元环节的严密设计，让学习者扎实语言知识，提高阅读理解能力和综合思维能力，强化人文素养。本教材选取的阅读内容积极向上，具有拓展性，兼顾课程思政，教师可结合课后练习和课堂展示，引导学习者加深对对象国文化的理解，同时引导学习者进一步重视本国文化，加强文化自信。

本教材是首批国家级一流本科专业（广东外语外贸大学韩国语/朝鲜语专业）建设点系列教材之一，编者均为具有丰富教学经验和教材编写经验的一线教师。**编者充分考虑到韩国语阅读课程的特点和信息化教学发展的趋势，有机结合线上教学，编成此套支持线上线下混合式教学的"纸质课程+在线课程"一体化教材，学生可用手机加入小程序"名师云课荟萃"在线学习平台，观看每篇课文的语法教学微课，收听课文录音，进行自主学习。**本教材分为1、2两册，内容循序渐进，难易度适中，不仅适合韩国语专业、二外韩国语的学生进行线上线下混合式学习，也可用于具有相应水平的韩国语学习者结合线上教学资源进行自学。

本教材每课重点阅读一篇文章，由导读、课文、词汇和语法、练习四大部分构成，各部分秉承知识积累、能力提升和素质养成的教育理念，形成了以下特点：

1. 导读由要点提示、文体特征简介、人文知识信息三部分构成，以帮助学习者建立良好的阅读习惯。掌握文章要点有助于加深对课文的理解，把握文体特征有助于提升学习者对不同文体风格的认识，了解人文知识信息则有助于学习者进一步积累专业知识、提高人文素养。

2. 课文选材积极向上、体裁丰富，涉及了语言学、文学、历史学、哲学、自然科学等多学科的相关内容。并且，针对课文中各段的叙述内容，均设置了相关提问，让学习者带着问题去阅读，在阅读之后回答问题，进一步强化阅读理解能力和语言表达能力。

3. 本教材针对泛读，与精读教材形成差异化，又与精读相辅相成，适量且难度适中地设置了词汇和语法。同时，**每个语法点，可通过"名师云课荟萃"手机小程序观看相应的语法教学微课，能够帮助学习者有效解决语言知识的难点，提高阅读效率、增强阅读效果。**

4. 练习由阅读理解能力训练和综合思维能力训练两部分构成。前者是针对导读和课文的练习，帮助学习者巩固单元知识；后者以思考、讨论、课堂展示、拓展阅读等形式，加深学习者对对象国文化的理解，同时引导学习者坚定文化自信、树立建设新时代中国特色社会主义文化强国的信念。

此外，本教材每课课后附有一段"今日金句"，为教师深化课程思政的内容及学生开展讨论、写作、翻译等教学活动提供了有效素材。

本教材凝聚了编者的智慧与努力，却也难免有疏漏之处，恳请专家、学者及广大师生提出宝贵意见，使本套教材日臻完善。

编　者
2022年6月

목 록

제 1 과　한국어의 특징 ………………………………………… 1

제 2 과　약손……………………………………………………… 13

제 3 과　상길이와 박서방 ……………………………………… 27

제 4 과　아니 땐 굴뚝에 연기 날까 …………………………… 37

제 5 과　세종대왕 ……………………………………………… 49

제 6 과　가을빛 ………………………………………………… 61

제 7 과　한국의 전통 가옥 …………………………………… 73

제 8 과　옳고 그름의 기준 …………………………………… 85

제 9 과　어울림을 즐기는 한국 식문화 …………………… 97

제10과　열녀 춘향 …………………………………………… 109

제11과　아름다운 이별 ……………………………………… 123

제12과　까치와 한민족의 전통문화 ……………………… 135

제13과　괜찮아 ……………………………………………… 147

제14과　아내의 빈자리 ……………………………………… 159

参考答案 ……………………………………………………… 171

제1과 한국어의 특징

 [읽어 두기]

요점 정리: 이 글은 표현의 다양성 차원에서 한국어의 특징을 소개하였다.

본문 특징: ① 설명의 과정이 분명하고 조리가 정연하다.
② 예를 들어 설명하여 독자들의 이해를 높였다.

지식 정보: ① 한글의 역사: 한국어는 한민족 고유의 언어이고 한글은 이를 표기하는 문자를 말한다. 한글이 창제되기 전부터 한민족은 한국어를 사용해 왔지만 이를 기록할 문자가 없었다. 그 후 기원전 2세기경 중국에서 한자가 전해지면서 한자를 빌려 한국어를 표기하기 시작하였다. 하지만 백성들은 대부분 한자를 몰라 글을 읽을 수도, 기록할 수도 없었다. 이러한 백성들의 고충을 헤아린 세종대왕은 1443년 한민족 고유의 문자 '한글'을 창제하였는데 이는 한국어 음운 체계 마련의 획기적인 계기가 되었다. 그리고 19세기에 이르러 주시경 선생이

한국어 문법과 한글 이론을 체계화하고 한글 보급에 힘쓰는 등 한글의 대중화와 근대화에 크게 기여하면서 한글은 본격적인 실용 단계에 접어들게 되었다.

② 한자어(漢字語): 삼국시대부터 19세기 말 근대화 이전까지 한민족의 문자 생활의 기반은 한자였다. 그리하여 한글이 창제되기 전까지 한민족은 말은 한국어로 하면서 글은 한자를 빌려 쓰는 '언문(言文) 불일치'의 불완전한 언어 생활을 해 왔다. 이로 말미암아 현재 한자어는 전체 한국어 어휘 중 60% 이상을 차지하고 있다.

[본문]

한국어의 대표적인 특징 중의 하나는 바로 표현의 다양성이다. 이는 한국어의 호칭어, 색채어, 높임법 등에서 엿볼 수 있다.

먼저 한국어에는 호칭어가 매우 많다. 예를 들면 "아저씨, 그동안 잘 지내셨습니까?"라고 안부를 묻는가 하면 경우에 따라 '아저씨' 대신에 '작은아버지, 삼촌, 외삼촌, 고모부, 이모부, 당숙' 등의 다양한 친족 호칭어를 사용하여 화자와의 관계를 나타내기도 한다.

> 한국어 표현의 다양성은 어디에서 알 수 있습니까?

> 한국어에서 호칭어가 발달한 원인은 무엇입니까?

제 1 과 한국어의 특징

이는 친족 관계와 윤리적 제도를 중시한 대가족 문화에서 비롯된 것이다.

그리고 한국어는 색채어도 매우 다양하다. 특히 하나의 색채 계열 내에서 자음과 모음 교체, 접사 결합 등의 방법으로 추가적 의미가 덧붙어 파생된 색채어가 많다. 예를 들면 '푸르다'에 해당하는 유의적 파생어로 '파랗다', '퍼렇다' 외에도 '푸르스름하다', '푸르스레하다', '푸르뎅뎅하다', '푸릇푸릇하다' 등이 있다.

> 색채어의 발달을 예를 들어 설명해 보십시오.

마지막으로 한국어는 높임법이 발달하였다. 예를 들면 '오다'의 뜻을 나타낼 때 청자에 따라 '오셨습니다', '오셨다', '오셨어', '오셨어요' 등과 같이 다양한 종결어미를 사용하여 상대를 높이는 정도를 달리 할 수 있다. 이런 높임법의 발달은 화자와 청자의 관계를 원활하게 할 뿐만 아니라 관계의 위계를 확고하게 하여 사회 구성원 간의 통합에도 기여하고 있다.

> 높임법의 발달을 예를 들어 설명해 보십시오.
>
> 높임법은 어떤 긍정적인 효과가 있습니까?

✏ 메모:

[새 단어]

차원(次元)	(名)	角度，层面，层次
호칭어(呼稱語)	(名)	称谓语，称呼语
색채어(色彩語)	(名)	色彩词
높임법(法)	(名)	敬语法
엿보다	(他动)	揣测，揣摩，看出
대신(代身)	(名)	代替，替，顶替
화자(話者)	(名)	说话者
비롯되다	(自动)	源于，出于
이를테면	(副)	比如说，例如
윤리(倫理)	(名)	伦理
해당(該當)하다	(自动)	符合，属于，相当于
유의(類義)	(名)	同义，近义
푸르다	(形)	青，绿，蓝
덧붙다	(自动)	添加，重叠，附上
청자(聽者)	(名)	听者
원활(圓滑)하다	(形)	顺利，顺畅
위계(位階)	(名)	级别，等级
구성원(構成員)	(名)	成员
통합(統合)	(名)	和谐，融洽
기여(寄與)하다	(自动/他动)	贡献，做贡献

제 1 과   한국어의 특징

 **[문법 설명]**

1. -로/으로 말미암아: 관용구

체언의 뒤에 쓰여, 원인이나 이유를 나타낸다. '-로/으로 인해'와 바꿔 쓸 수 있다.

예문:

1) 이로 말미암아 현재 한자어는 전체 한국어 어휘 중 60% 이상을 차지하고 있다.
2) 폭우로 말미암아 경기가 취소되었다.
3) 수많은 사람들의 노력으로 말미암아 우리는 더 나은 삶을 살게 되었다.

2. -ㄴ/은/는가 하면: 관용구

용언의 어간에 붙어, 서로 다른 경우들이 다 존재함을 나타낸다.

예문:

1) "아저씨, 그동안 잘 지내셨습니까?"라고 안부를 묻는가 하면 경우에 따라 '아저씨' 대신에 '작은아버지, 삼촌, 외삼촌, 고모부, 이모부, 당숙' 등의 다양한 친족 호칭어를 사용하여 화자와의 관계를 나타내기도 한다.
2) 이렇게 생각하는 사람이 있는가 하면, 저렇게 생각하는 사람도 있다.
3) 어떤 학생들은 대학원에 진학하는가 하면, 또 어떤 학생들은 취직을 하기도 한다.

3. -에서 비롯하다/비롯되다: 관용구

체언의 뒤에 쓰여, 어떤 사물이 처음 생기거나 시작한다는 의미를 나타낸다. '-에서 시작하다/시작되다'로 바꿔 쓸 수 있다.

예문:

1) 이는 친족 관계와 윤리적 제도를 중시한 대가족 문화에서 비롯된 것이다.
2) 우리는 제자백가에서 비롯한 고사성어를 많이 사용하고 있다.
3) 생활 속 불편함에서 비롯된 획기적인 발명품들이 엄청 많다.

 [연습 문제]

1. 본문의 내용에 근거하여 물음에 답하십시오.

1) 주시경 선생에 관한 서술로 알맞은 것을 모두 고르십시오.

(   )

① 한글 대중화의 개척자
② 한글의 창제자
③ 한글 근대화의 개척자
④ 19세기에 한글을 본격적으로 쓰게 한 사람

2) 본문의 내용과 일치하지 않는 것을 고르십시오.

(   )

① 한국어는 호칭어로 화자와의 관계를 잘 나타내기도 한다.

② 한국어는 색채어를 다양하게 만들 수 있다.

③ 다양한 종결어미로 상대높임의 정도를 달리 할 수 있다.

④ 한국어는 말과 글이 다르다.

2. 서로 알맞은 말을 연결하고 중국어로 번역하십시오.

① 획기적인 • • 문화

② 본격적인 • • 통합

③ 생활의 • • 제도

④ 언어 사용의 • • 계기

⑤ 윤리적 • • 관계

⑥ 대가족 • • 실용 단계

⑦ 원활한 • • 차원

⑧ 사회 구성원 간의 • • 기반

① _____

② _____

③ _____

④ _____

⑤ _____

⑥ _____

⑦ _____

⑧ _____

3. 다음 물음에 답하십시오.

※ **밑줄 친 단어와 바꾸어 쓸 수 있는 가장 알맞은 것을 고르십시오.**

1) <u>이로 말미암아</u> 현재 한자어는 전체 한국어 어휘 중 60% 이상을 차지하고 있다.

(   )

① 이 때문에   ② 이로 인하여
③ 이로 하여금   ④ 이에 의거하여

2) <u>예를 들면</u> 안부를 물을 때 "아저씨, 그동안 잘 지내셨습니까?"가 가능한 경우가 있다.

(   )

① 때문에   ② 이를테면
③ 이른바   ④ 다시 말하면

3) 나뭇잎이 <u>파랗다</u>.

(   )

① 푸르다   ② 푸르뎅뎅하다
③ 푸르스름하다   ④ 푸르스레하다

4) 이는 친족 관계와 윤리적 제도를 중시한 대가족 문화에서 <u>비롯된</u> 것이다.

(   )

① 파생하다   ② 시작되다
③ 발견되다   ④ 비슷하다

5) 한국어의 특징은 표현의 다양성 <u>차원</u>에서 엿볼 수 있다.

(   )

① 수준　　　　　　　　　② 레벨

③ 방향　　　　　　　　　④ 방면

※ **밑줄 친 단어의 뜻과 같은 뜻으로 사용된 것을 고르십시오.**

6) 근대화의 개척자인 주시경 선생에 의하여 본격적인 실용 단계로 <u>접어들었다</u>.　　　　　　　　　　　　　　(   )

① 형님에게 접어들다　　　② 장사에 접어들다

③ 새 시대에 접어들다　　　④ 목적지에 접어들다

4. 함께 이야기해 봅시다.

1) 중국어도 호칭어가 발달하였습니다. 중국어 호칭어의 특징을 예를 들어 설명해 보십시오.

2) 중국어의 우수성에 대하여 이야기해 보십시오.

5. 다음을 읽고 글에 알맞은 제목을 붙인 후, 감상을 발표해 봅시다.

제목: _____

사람의 인생마저 괴롭히는 '고질병'에 점 하나를 찍으면 '고칠병'이 됩니다.

연약하고 작은 마음(心)에 굳건하고 당당한 신념의 막대기를 하나만 꽂으면 무엇이든 반드시(必) 할 수 있습니다.

당신이 시도해 보지도 않고 불가능(impossible)하다고 여기는 일이라도 점 하나를 찍으면, 나는 할 수 있습니다(I'm possible).

당신의 현재는 물론 미래까지 검게 짓누르는 '빚'에 점 하나를 찍으면 당신의 앞날을 하얗게 밝혀주는 '빛'이 됩니다.

꿈은 어느 곳에도 없다고(Dream is nowhere.) 생각되는 인생이라도 단 한 걸음의 띄어쓰기만으로 꿈은 바로 여기에 있다고(Dream is now here.) 말할 수 있는 인생으로 바뀝니다.

부정적인 것에 찍는 긍정의 점은 다른 곳이 아닌 당신의 마음에 있습니다. 절망이 희망으로 바뀌는 그 하나의 획은 바로 당신의 것입니다. 당신의 마음은 불가능한 것도 한순간에 가능한 것으로 만들 수 있는 힘이 있습니다.

위에서 작은 '점'의 엄청난 변화를 살펴보았습니다. 긍정이란 하나만 바꾸면 내게로 온다는 사실을 항상 명심해야겠습니다. 오늘의 문장을 기억하면서 그 하나의 획을 그을 수 있는 내가 될 수 있도록 더 노력해야겠습니다.

제 1 과 한국어의 특징

◆ **오늘의 명언**

　　社会主义核心价值观：
　　　　　富强，民主，文明，和谐
　　　　　自由，平等，公正，法治
　　　　　爱国，敬业，诚信，友善

　　사회주의 핵심 가치관:
　　　　　부강, 민주, 문명, 조화
　　　　　자유, 평등, 공정, 법치
　　　　　애국, 충직, 성실, 우애

제2과 약손

 **[읽어 두기]**

요점 정리: 이 수필에서 작가는 신기한 약효를 갖고 있는 어머니의 손에 대한 이야기를 통하여 어머니의 거룩한 사랑을 표현하고 있다.

본문 특징: ① 이 글은 신기한 약효를 갖고 있는 어머니의 손에 대한 이야기를 쓴 수필이다.

② 이 글은 이야기성이 강하고 짙은 정감이 깔려 있다.

지식 정보:

① 슈바이처(1875-1965): 독일계의 프랑스 의사, 사상가, 신학자, 음악가이다. 1913년 아프리카 가봉에 병원을 세워 원주민의 치료에 헌신했으며, 핵 실험 금지를 주창하는 등 인류의 평화에 공헌했다. 1952년 노벨 평화상을 수상했다.

② 모나리자: 이탈리아의 화가 레오나르도 다빈치가 피렌체의 부호 프란체스코 델 조콘다의 부인을 그린

초상화이다. '모나'는 이탈리아어로 유부녀에 대한 경칭이고 '리자'는 조콘다의 부인 이름이다. 모나리자의 신비로운 미소는 많은 풍문(風聞)과 함께 오늘날까지도 '모나리자의 수수께끼'로 남아 있다.

[본문]

여섯 살 난 막내딸이 밖에서 소꿉장난을 하다가 눈에 티가 들어갔다고 울면서 들어왔다. 어머니는 손녀를 품안에 안고는 아픈 눈을 살살 어루만져 주면서 혼잣말로 중얼거리셨다.

"까치야, 까치야, 네 새끼 물에 빠지면 내가 건져줄 터이니 우리 민옥이의 눈의 티를 좀 꺼내어 다오."

어린 것은 어느새 울음을 그치고 할머니의 품안에서 쌔근쌔근 잠이 들어버린다. 나는 어머니의 손을 물끄러미 바라보았다. 이제 연세가 여든을 넘어서 고목 껍질처럼 마르고 거칠어진 어머니의 손이지만 그 속에는 우리 의사들이 가지지 못한 신비한 어떤 큰 힘이 하나 숨어 있는 것만 같았다.

옛날에 우리 집은 무척 가난했기 때문에 우리

눈에 티가 들어갔다고 울면서 들어온 막내딸을 어머니는 어떻게 달랬습니까?

어머니의 손은 어떻습니까?

제 2 과 약손

형제들은 병이 나도 약 한 첩을 써보지 못하고 자랐다.

우리 형제들이 혹시 병으로 눕게 되면 어머니는 약 대신에 언제나 머리맡에 앉아서는 "내 손이 약손이다."를 외우면서 우리들의 아픈 배나 머리를 따뜻한 손길로 쓰다듬어 주셨다. 그러면 이상하게도 그 아픈 배나 머리가 씻은 듯이 나았던 것이다. 그러기에 우리는 어머니의 손을 '약손'이라고 불렀다.

나는 문득 내 손을 펼쳐보았다. 진한 소독약 냄새가 코를 쿡 찔렀다. 현대의 약손이라고 일컫는 의사의 손이다. 그러나 미끈하고 차가운 내 손에는 아무래도 무엇인가 중요한 것 하나가 빠져 있는 것만 같았다.

어린 손녀의 아픈 눈을 어루만져 주고 계시는 어머니의 손을 바라보면서 나는 문득 그 손에서 슈바이처보다도 한층 더 뜨겁고 진한 체온과 정신을 새삼스레 가슴 속 가득히 느꼈다. 그리고 고목 껍질 같은 어머니의 손이 오늘따라 자꾸만 모나리자의 손보다도 더 아름답게 보이는 것이었다.

(출처: 박문하의 수필 「약손」 中 발췌)

왜 어머니의 손을 '약손'이라 불렀습니까?

'나'의 손은 어떻습니까?

'나'는 어머니의 손을 보고 어떤 생각이 들었습니까?

[새 단어]

소꿉장난	(名)	过家家
혼잣말	(名)	自言自语，独白
건지다	(他动)	捞，捞取，打捞
티	(名)	灰尘，尘粒；瑕疵
살살	(副)	轻轻地
어루만지다	(他动)	揉，抚摸
중얼거리다	(自动/他动)	自言自语，喃喃自语
쌔근쌔근	(副)	呼呼地
물끄러미	(副)	出神地，呆呆地
고목(古木)	(名)	枯木，枯树
껍질	(名)	皮，壳
무척	(副)	相当，非常
혹시(或是)	(副)	如果
첩(貼)	(名)	剂，服，贴
머리맡	(名)	枕边
쓰다듬다	(他动)	抚摸，轻抚
쿡	(副)	感情或感觉受到猛烈刺激的样子（如，刺鼻的样子）
찌르다	(他动)	刺，刺鼻，扑鼻
미끈하다	(形)	修长，柔滑
문득	(副)	突然，忽然，猛然，顿时

제 2 과   약손

진하다   (形)   浓，深
새삼스레   (副)   再次，重新；突然
자꾸만   (副)   总是，老是

 **[문법 설명]**

1. -ㄹ/을 터이다: 관용구

용언의 어간 뒤에 붙어, 예정이나 추측, 화자의 의지를 나타낸다. '-ㄹ/을 터이니'는 보통 '-ㄹ/을 테니'로 줄여 쓸 수 있다.

예문:

1) "까치야, 까치야, 네 새끼 물에 빠지면 내가 건져줄 터이니 우리 민옥이의 눈의 티를 좀 꺼내어 다오."
2) 내일 출발할 터이니 준비하고 기다리세요.
3) 음식 준비는 내가 할 테니 너는 청소부터 해라.

2. -아/어/여 다오: 관용구

동사의 어간에 결합하여, '-아/어 달라, -아/어 다오'의 구성으로, 말하는 사람이 상대방에게 앞의 동사가 뜻하는 행동을 해 줄 것을 요구함을 나타낸다. 관용표현 '아/어/여 다오'에서 '다오'는 동사 '달다'와 청자경어법 하오체 어미 '-(으)오'가 결합된 형태인데, 모음 앞에서는 'ㄹ'이 탈락하여 '다오'로 쓰인다.

예문:

1) "까치야, 까치야, 네 새끼 물에 빠지면 내가 건져줄 터이니 우리 민옥이의 눈의 티를 좀 꺼내어 다오."
2) 어른들이 모두 잘 계시는지 안부를 좀 전해 다오.
3) 친구에게 한국어 책을 빌려 달라고 부탁했다.

3. -ㄴ/은/는/ㄹ/을 것만 같다: 관용구

용언의 어간에 결합하여, 말하는 사람의 주관적인 짐작, 추측, 불확실한 단정을 나타낸다. 관용구 '-ㄴ/은/는 것만 같다'는 추측을 나타내는 '-ㄴ/은/는/를/을 것 같다'와 한정을 나타내는 조사 '만'이 결합된 형태이다.

예문:

1) 이제 연세가 여든을 넘어서 고목 껍질처럼 마르고 거칠어진 어머니의 손이지만 그 속에는 우리 의사들이 가지지 못한 신비한 어떤 큰 힘이 하나 숨어 있는 것만 같았다.
2) 선생님의 칭찬을 들으니 뭐든지 해낼 수 있을 것만 같았다.
3) 내가 한국어를 잘 못하면 친구들이 모두 나를 비웃는 것만 같았다.
4) 도와주려고 시작했는데 해결은커녕 오히려 일이 더 커진 것만 같아서 마음이 무겁다.

제 2과   약손

   [연습 문제]

1. 본문의 내용에 근거하여 다음 물음에 답하십시오.

　1) 슈바이처에 관한 설명으로 알맞은 것을 모두 고르십시오.

　　　　　　　　　　　　　　　　　　　(　　　　　)

　　① 아프리카에 병원을 세워 원주민들의 치료에 헌신한 사람

　　② 핵 실험 금지를 주창한 사람

　　③ 노벨 평화상을 수상한 사람

　　④ 모나리자 그림을 그린 사람

　2) 본문의 내용과 일치하지 않는 것을 고르십시오.

　　　　　　　　　　　　　　　　　　　(　　　　　)

　　① 우리는 어머니의 손을 '약손'이라고 불렀다.

　　② 어머니의 손에는 신비한 어떤 힘이 숨어 있다.

　　③ 옛날 우리 집은 아주 잘 살았다.

　　④ '나'의 직업은 의사이다.

2. 서로 알맞은 말을 연결하고 중국어로 번역하십시오.

① 신기한 • • 코를 찌르다

② 거룩한 • • 미소

③ 신비로운 • • 사랑

④ 혼잣말로 • • 약효

⑤ 따뜻한 • • 바라보다

⑥ 냄새가 • • 중얼거리다

⑦ 물끄러미 • • 손길

① _____
② _____
③ _____
④ _____
⑤ _____
⑥ _____
⑦ _____

제 2 과   약손

3. 다음 물음에 답하십시오.

※ 밑줄 친 단어와 바꾸어 쓸 수 있는 가장 알맞은 것을 고르십시오.

1) 어머니는 손녀를 품안에 안고는 아픈 눈을 <u>살살</u> 어루만져주었다.

(   )

① 솔솔   ② 슬슬
③ 술술   ④ 실실

2) 어머니의 손에는 우리 의사들이 가지지 못한 <u>신비한</u> 어떤 큰 힘이 하나 숨어있는 것만 같았다.

(   )

① 신선한   ② 신중한
③ 신기한   ④ 신성한

3) <u>그러기에</u> 어머니의 손을 '약손'이라고 불렀다.

(   )

① 그러므로   ② 그런데
③ 그러나   ④ 그러면

※ **밑줄 친 단어의 반대말로 알맞은 것을 고르십시오.**

4) 나는 문득 그 손에서 슈바이처보다도 더 한층 뜨겁고 진한 체온과 정신을 새삼스레 가슴 속 가득히 느꼈다.

(   )

① 따갑다   ② 시리다
③ 쌀쌀하다   ④ 차갑다

5) 그러나 미끈하고 차가운 내 손에는 아무래도 무엇인가 중요한 것 하나가 빠져있는 것만 같았다.

(   )

① 보드랍다   ② 찬찬하다
③ 거칠다   ④ 거추장스럽다

※ **밑줄 친 단어의 뜻과 같은 뜻으로 사용된 것을 고르십시오.**

6) 나는 문득 내 손을 펼쳐보았다. 진한 소독약 냄새가 코를 쿡 찔렀다.

(   )

① 창으로 찌르다   ② 마음을 (아프게) 찌르다
③ 빗장을 찌르다   ④ (손을) 호주머니에 찌르다

4. 함께 이야기해 봅시다.

1) 위 글에서 소개한 '약손'과 유사한 중국어 표현을 소개해 보십시오.
2) 사랑으로 넘치는 세상을 만들려면 평범한 우리들은 어떻게 해야 합니까?

5. 다음을 읽고 글에 알맞은 제목을 붙인 후, 감상을 발표해 봅시다.

제목: _____

어느 산골 마을에 할머니와 초등학생인 손녀딸이 살고 있었습니다. 며느리는 일찍 세상을 뜨고 아들은 건설 현장에서 잡일꾼으로 일하고 있었습니다.

할머니는 아들의 짐을 조금이라도 덜어 주려고 온종일 산으로 들로 다니며 나물을 캔 뒤 밤이 새도록 나물을 다듬어 다음 날 장터에 내다 팔았습니다.

어린 손녀딸은 할머니가 캐 오는 산나물이 너무나 싫었습니다. 숙제하고 나면 할머니와 같이 손톱 밑이 까맣게 물들도록 나물을 다듬어야 했기 때문입니다. 손톱 밑의 까만 물은 아무리 박박 문질러도 잘 지워지지 않았습니다.

그러던 어느 날, 선생님이 상담 때문에 부모님을 모시고 오라고 했습니다. 모시고 갈 분은 할머니뿐이라 걱정이었습니다. 선생님이 할머니의 허름한 옷, 구부러진 허리, 손의 까만 물을 보는 게 정말 싫었기 때문입니다.

집으로 돌아온 손녀딸은 한참을 망설이다 말을 꺼냈습니다.

"저…… 할머니, 선생님이 내일 학교 오시래요."

할 수 없이 말하긴 했지만, 손녀딸은 할머니가 정말 학교에 오시면 어쩌나 했습니다.

다음 날 오후, 선생님의 부름을 받고 교무실로 갔습니다. 선생님은 할머니의 두 손을 잡으면서 손녀딸에게 말했습니다.

　　"우리 가은이, 할머니께 효도하려면 공부 열심히 해야겠다."

　　그 순간 손녀딸은 와락 눈물이 쏟아져 나왔습니다. 선생님이 눈시울을 붉히며 잡고 있는 할머니의 손은 거북이 등처럼 갈라져 있었고 피가 흐를 듯 생채기로 가득했습니다. 할머니는 손녀딸이 할머니를 부끄러워한다는 걸 알고 있었습니다. 그래서 아침 내내 표백제에 손을 담그고 철 수세미로 박박 문질러 닦으셨던 것입니다.

메모:

제 2 과 약손

◆ **오늘의 명언**

　　家风是社会风气的重要组成部分。家庭不只是人们身体的住处，更是人们心灵的归宿。家风好，就能家道兴盛、和顺美满；家风差，难免殃及子孙、贻害社会。

　　가풍은 사회 기풍의 중요한 구성 부분이다. 가정은 몸의 휴식처일 뿐만 아니라 마음의 안식처이기도 하다. 가풍이 좋으면 가문이 번창하고 화목하며 행복이 넘치게 되지만 가풍이 나쁘면 자손에게 화가 미치고 사회에도 해를 끼친다.

제3과 상길이와 박서방

 **[읽어 두기]**

요점 정리: 이 글은 호칭에 따라 각각 다른 대접을 받는 일화를 통하여 인간 관계에서 말의 중요성을 강조하고 있다.

본문 특징: ① 생활 속의 사소한 일을 통하여 심오한 이치를 천명하였다.
② 대조적 수법을 이용하여 글의 주제가 한눈에 드러난다.

지식 정보: ① 양반(兩班): 고려시대부터 조선시대에 이르기까지 지배층을 이루던 신분으로 원래 관료 체제를 이루는 문반(文班)과 무반(武班)을 의미하는 말이었지만 점차 그 가족이나 후손까지 포괄하게 되었다.
② 상놈(常-): 옛날 신분이 낮은 상민(常民) 남자를 낮잡아 이르던 말이다.

[본문]

옛날, 박상길이라는 상놈이 푸줏간을 열었는데 박상길을 아는 양반 두 사람이 시장에 들렀다가 이 푸줏간으로 들어왔다.

먼저 들어온 양반이 말했다.

"상길아! 고기 한 근만 다오."

"예, 여기 있습니다."

박상길은 양반이 주문한 고기 한 근을 베어 내놓았다.

뒤따라 들어온 양반은 상길이의 나이가 지긋한 줄을 아는지라 전처럼 말을 높였다.

"박 서방, 나도 고기 한 근 주시오."

"예, 알겠습니다."

이렇게 대답한 박상길은 아까보다 훨씬 많은 양의 고기를 베어 두 번째 양반 앞에 내놓는 것이었다. 먼저보다 두 배는 족히 되어 보였다.

그러자 먼저 고기를 산 양반이 역정을 내며 말했다.

"아니, 이놈아! 같은 한 근을 주문했는데, 어째서 이렇게 차이가 많이 난단 말이냐!"

― 푸줏간에 누가 들어왔습니까?

― 먼저 들어온 양반은 어떻게 말했습니까?

― 후에 들어온 양반은 어떻게 말했습니까?

― 먼저 들어온 양반은 왜 역정을 냈습니까? 상길이는 어떻게 대답했습니까?

제 3 과 상길이와 박서방

"예, 그거야 앞엣 고기는 상길이가 베고, 뒤엣 고기는 박서방이 베어서 그렇답니다."

박상길이가 이렇게 천연덕스럽게 말하니 앞의 양반은 아무 대꾸도 하지 못했다.

> 상길이가 두 번째 양반에게 고기를 더 많이 베어준 원인은 무엇입니까?

[새 단어]

푸줏간(間)	(名)	肉店, 肉铺
들르다	(自动/他动)	顺便去
주문(注文)하다	(他动)	订购, 订货
뒤따라	(副)	跟随, 跟着
지긋하다	(形)	上了岁数, 上了年纪
내놓다	(他动)	放, 拿出, 端出
족(足)히	(副)	足足, 足够
그러자	(副)	这样一来, 一这样
역정(逆情)	(名)	生气, 气恼
어째서	(副)	为什么, 怎么
천연(天然)덕스럽다	(形)	若无其事的, 不动声色的
대꾸	(名)	顶嘴, 答话

[문법 설명]

1. -라는/이라는: 관용구

체언의 뒤에 붙어, 다른 사람에게서 들은 내용을 옮겨 말하거나 주어에 대한 화자의 생각과 의견을 나타낸다. '-라는/이라는'은 '-라고 하다/-이라고 하다'에 조사 '는'이 결합된 관용구가 줄어든 것으로, 뒤에 오는 말을 수식한다.

예문:

1) 옛날 박상길이라는 상놈이 푸줏간을 열었다.

2) 옛날 옛적에 한적한 시골에 유화라는 사람이 살았다.

3) 인천의 차이나 타운에는 '공화춘'이라는 유명한 중국 식당이 있다.

2. -ㄴ/은/는지라: 연결어미

예스러운 표현으로 동사의 어간이나 선어말어미 '-시/으시-, -았/었/였-, -겠-'에 붙어, 현재 진행되고 있는 선행절의 상황이나 행위가 후행절의 이유나 원인이 됨을 나타낸다.

예문:

1) 뒤따라 들어온 양반은 상길이의 나이가 지긋한 줄을 아는지라 전처럼 말을 높였다.

2) 선생님께서 오늘 몸이 안 좋으신지라 우리는 수업을 할 수 없었다.

3) 한 시간이나 친구를 기다려도 연락이 없는지라 우리는 떠날 수밖에 없었다.

3. -다는 말이냐: 관용구

예스러운 표현으로 용언의 어간에 붙어, 상대방의 말을 인용하면서 이에 대한 화자의 놀라움, 감탄, 탄식, 질책 등을 나타낸다. 관용구 '-다는 말이냐'는 '-다는 말이다'에 종결어미 '-(으)냐'가 결합된 형태로 입말에서 사용된다.

예문:

1) "아니, 이놈아! 같은 한 근을 주문했는데, 어째서 이렇게 차이가 많이 난단 말이냐!"

2) "내가 이토록 오랫동안 너희와 함께 지냈는데도 너는 나를 모른단 말이냐?"

3) "아이고, 돼지고기 값이 작년보다 두 배나 올랐단 말이냐!"

 [연습 문제]

1. 본문의 내용에 근거하여 다음 물음에 답하십시오.

1) '양반'과 '상놈'의 표현에서 알맞은 것을 모두 고르십시오.

(　　　　)

① '양반'은 고려시대부터 조선시대까지 지배층을 이루던 신분이다.

② '양반'은 고려시대, 조선시대의 관료 체제인 문반과 무반을 일컫는 말이다.

③ 양반의 가족과 후손들도 양반의 신분을 가졌다.

④ '상놈'은 조선시대 중간 지배 계층의 남자를 말한다.

2) 본문의 내용과 일치하지 않는 것을 고르십시오.

(　　　　)

① 박서방이 벤 고기가 더 많다.

② 상길이가 벤 고기가 더 많다.

③ 이 글은 말의 중요성에 대해 이야기하고 있다.

④ 이 글은 대조적 수법을 사용하였다.

2. 서로 알맞은 말을 연결하고 중국어로 번역하십시오.

① 대접을　•　　　•이치

② 심오한　•　　　•드러나다

③ 인간관계의•　　　•지긋하다

④ 한눈에　•　　　•중요성

⑤ 나이가　•　　　•받다

⑥ 역정을　•　　　•내다

⑦ 대꾸를　•　　　•하다

① _____

② _____

③ _____

④ _____

제 3 과 상길이와 박서방

⑤ ....
⑥ ....
⑦ ....

3. 다음 물음에 답하십시오.

※ 밑줄 친 단어와 바꾸어 쓸 수 있는 가장 알맞은 것을 고르십시오.

1) <u>뒤따라</u> 들어온 양반은 상길이의 나이가 지긋한 줄을 아는지라 전처럼 말을 높였다.

(   )

① 뒤이어   ② 앞서
③ 뒤섞어   ④ 단김에

2) 뒤따라 들어온 양반은 상길이의 <u>나이가 지긋한</u> 줄을 아는지라 전처럼 말을 높였다.

(   )

① 나이를 먹다   ② 나이가 차다
③ 나이가 아깝다   ④ 나이가 들다

3) 이렇게 대답한 박상길은 아까보다 <u>훨씬</u> 많은 양의 고기를 베어 두 번째 양반 앞에 내놓는 것이었다.

(   )

① 퍽   ② 얼마간
③ 약간   ④ 조금

4) 박상길이가 이렇게 <u>천연덕스럽</u>게 말하니 앞의 양반은 아무 대꾸도 하지 못했다.

(   )

① 태연스럽다　　　　　　　② 능청스럽다
③ 태연자약하다　　　　　　④ 자연스럽다

5) 먼저보다 두 배는 <u>족히</u> 되어 보였다.

(   )

① 듬뿍　　　　　　　　　　② 수북이
③ 상당히　　　　　　　　　④ 충분히

※ 밑줄 친 단어의 뜻과 같은 뜻으로 사용된 것을 고르십시오.

6) 옛날, 박상길이라는 상놈이 푸줏간을 <u>열었</u>는데, 박상길을 아는 양반 두 사람이 시장에 들렀다가 이 푸줏간으로 들어왔다.

(   )

① 마음을 열다　　　　　　② 회의를 열다
③ 창문을 열다　　　　　　④ 상점을 열다

4. 함께 이야기해 봅시다.

한국 속담에 "말 한마디에 천냥빚도 갚는다(一句抵千金)"는 말이 있습니다. 우리는 한마디 말로 상대방에게 용기와 격려를 줄 수도 있고 상처와 슬픔을 줄 수도 있습니다. 다른 사람들과의 소통에서 '말 한마디의 가치와 중요성'에 대해서 실례를 들어 이야기해 보십시오.

5. 다음 글을 읽고 글에 알맞은 제목을 붙인 후, 감상을 말해 보십시오.

제목: _____

어떤 남자가 새로운 마을에 이사한 첫날, 짐 정리가 끝나기도 전에 마을 전체에 정전이 됐습니다. 남자는 더듬거리며 수북한 짐 사이에서 양초와 성냥을 겨우 찾았습니다. 그런데 그때 '똑똑'하며 문 두드리는 소리가 들렸습니다. 문을 열어 보니 한 어린아이가 서 있었고 인사와 함께 말을 건넸습니다.

"아저씨, 양초 있으세요?"

아이의 말을 듣자 남자는 '이사 온 첫날부터 나에게 양초를 빌려 달라고 하다니……. 만일 지금 양초를 빌려주면 앞으로도 계속해서 이것저것 빌려 달라고 하겠군.'하고 속으로 생각했습니다. 그래서 양초가 없다고 말하며 아이를 돌려보내려고 문을 닫으려는 순간 아이가 소리쳤습니다.

"잠깐만요, 아저씨! 이사 온 첫날부터 정전 때문에 불편하실 것 같아서 제가 양초를 가지고 왔어요!"

이 말과 함께 아이는 양초 2개를 내밀었습니다. 순간 남자는 너무 부끄러워 아이의 눈을 똑바로 바라볼 수 없었습니다.

자신이 어떤 사람인지에 따라 타인과 세상이 달라 보인다고 합니다. 따라서 삭막한 세상을 살다 보면 때로는 순수한 배려와 호의를 잊기도 하고 스스로 손해 보지 않으려 더 움켜쥐게 되기도 합니다. 하지만 내가 먼저 바뀌어 선의를 행한다면 세상과 타인의 마음을 밝히는 등불이 될 수 있을 것입니다.

◆ 오늘의 명언

　　中华文化强调"德不孤，必有邻"、"仁者爱人"、"与人为善"、"己所不欲，勿施于人"、"出入相友，守望相助"、"老吾老以及人之老，幼吾幼以及人之幼"、"扶贫济困"、"不患寡而患不均"，等等。……这些思想和理念，既随着时间推移和时代变迁而不断与时俱进，又有其自身的连续性和稳定性。

　　중화문화에서는 "덕이 있으면 따르는 사람이 있어 외롭지 않다", "어진 사람은 남을 사랑할 줄 알고 선의로 남을 돕는다", "자기가 원하지 않는 것은 남에게 강요하지 않는다", "친구처럼 서로 오가고 힘을 합쳐 어려움을 이겨낸다", "내 집 어른을 모시는 마음으로 남의 집 어른을 공경하고, 내 아이를 사랑하는 마음으로 남의 집 아이를 귀여워한다", "가난한 사람을 구제하고 어려운 사람을 도와준다", "적은 것을 걱정하지 않고 고르지 못한 것을 걱정한다" 등을 강조하고 있다. ……이러한 사상과 이념은 시간이 지나고 시대가 달라짐에 따라 끊임없이 변화, 발전할 뿐만 아니라 그 자체의 연속성과 안정성도 갖게 되었다.

제4과 아니 땐 굴뚝에 연기 날까

 **[읽어 두기]**

요점 정리: 이 글은 서동(薯童)이 사람들의 입소문을 빌려 선화공주를 아내로 맞이한 전설로, 백제무왕(武王)의 지혜와 용기를 엿볼 수 있다.

본문 특징: ① 이 글은 무왕(武王)의 어린 시절의 일화를 소재로 하였다.

② 이야기가 재미있고 구성이 긴밀하다.

지식 정보: ① 서동요(薯童謠): 백제의 서동(백제 무왕의 어릴 때 이름)이 신라 제26대 진평왕 때 지었다는 민요 형식의 향가(鄕歌)로 『삼국유사』(三國遺事)무왕조(武王條)에 수록되어 있다.

② 유배(流配): 중한 죄를 범했을 때 먼 곳으로 보내 죽을 때까지 고향에 돌아오지 못하게 하는 형벌이다. 조선 시대에는 죄의 경중에 따라 원근의 등급을 결정하였는데 2천 리 형, 2천 5백 리 형, 3천 리 형의 세 종류가 있었다.

 [본문]

　백제의 30대 임금 무왕은 어렸을 때 마를 캐어 팔았기에 사람들은 그를 서동이라 불렀다.

　서동은 신라 진평왕의 셋째 공주인 선화공주가 유달리 곱고 아름답다는 말을 듣고 그녀를 아내로 맞이하리라 작심했다.

　머리를 깎고 서울로 온 서동은 여기저기를 돌아다니며 아이들에게 마를 나누어 주었고 아이들은 무리를 지어 서동을 따르게 되었다.

　서동은 아이들에게 마를 주면서 동요 하나를 부르도록 했다. "선화공주님은 남몰래 사랑을 한다네. 서동님을 남몰래 만난다네." 이 노래는 곧 사방에 퍼졌다. 골목마다에서 아이들이 이 노래를 불렀다.

　마침내 이 노래는 대궐에까지 들리게 되었다. 대신들은 처음에는 무슨 헛소문이려니 여겼다. 서동이 누구인지 모르거니와 궁중에 있는 선화공주가 그럴 리가 없었던 것이다.

　그러나 이 노래가 그칠 줄 모르고 계속 퍼지자 대신들도 아니 땐 굴뚝에 연기가 날 리 없다면서 분명 선화공주가 밤마다 대궐을 빠져나가 서동을 만난다고 생각하였다.

무왕은 왜 어릴 때 서동으로 불렸습니까?

서동은 선화공주를 아내로 맞이하기 위하여 어떻게 하였습니까?

노래를 듣고 대신들은 어떻게 생각했습니까?

제 4 과   아니 땐 굴뚝에 연기 날까

그리하여 대신들은 진평왕에게 하루빨리 선화공주와 서동을 성혼시킨 후 먼 곳으로 유배 보내야 한다고 아뢰었다. 진평왕은 어쩔 수 없어 선화공주를 서동에게 시집 보낸 후 그들을 인적이 드문 곳에 가서 조용히 살게 하였다.

서동과 선화공주는 결국 어떻게 되었습니까?

[새 단어]

마(麻)	(名)	山药
캐다	(他动)	采，挖
유달리	(副)	特别，格外，分外
작심(作心)하다	(自动/他动)	决心，下决心
깎다	(他动)	剪，剃；削
이곳저곳	(名)	到处
돌아다니다	(自动)	转悠，转来转去，奔波
따르다	(他动)	追随，跟随，赶上
남몰래	(副)	偷偷地，暗中，暗地里
퍼지다	(自动)	扩散，流传
대궐(大闕)	(名)	宫廷，王宫
헛소문(所聞)	(名)	谣言，谣传
굴뚝	(名)	烟囱，烟筒
연기(煙氣)	(名)	烟，烟雾

분명(分明)	(副)	分明，显然，确实，肯定
빠져나가다	(自动)	逃出，溜出
하루빨리	(副)	尽快
성혼(成婚)	(名)	成亲，完婚
유배(流配)	(名)	流放，发配
아뢰다	(他动)	禀报，禀告，呈报
인적(人迹)	(名)	人烟，人迹
드물다	(形)	稀少，罕见

메모:

제 4 과   아니 땐 굴뚝에 연기 날까

 **[문법 설명]**

1. -기에: 연결어미

용언의 어간에 붙어, 앞 문장이 뒤에 오는 문장의 원인이나 이유, 근거임을 나타낸다. 이때 뒤 문장은 말하는 사람이 직접 선택하여 하는 행동이어야 한다. 비슷한 표현으로 '-길래'가 있는데 '-길래'는 구어체에, '-기에'는 문어체에 많이 사용한다.

예문:

1) 백제의 30대 임금 무왕은 어렸을 때 마를 캐어 팔았기에 사람들은 그를 서동이라 불렀다.
2) 하루 종일 전화를 해도 안 받기에 무슨 일이 있나 걱정했어요.
3) 백화점에서 세일을 한다기에 옷을 몇 벌 샀어요.

2. -려니/으려니: 연결어미

용언의 어간, '이다'와 '아니다'에 붙어 화자가 마음 속으로 짐작, 추측하는 내용을 나타낸다. 주로 동사 '하다, 여기다, 생각하다, 싶다' 등과 함께 쓰인다.

예문:

1) 대신들은 처음에는 무슨 헛소문이려니 여겼다.
2) 결과가 좋지 않더라도 이게 최선이려니 해야지요.
3) 주말에는 집에 있으려니 하고 연락을 해 봤다.

3. -거니와: 연결어미

용언의 어간, '-았/었/였-'과 '-겠-'에 붙어, 앞의 내용을 인정하면서 거기에 뒤의 사실을 덧붙임을 나타낸다.

예문:

1) 서동이 누구인지 모르거니와 궁중에 있는 선화공주가 그럴 리가 없었던 것이다.

2) 동시통역사가 되려면 언어 능력도 중요하거니와 순발력도 매우 중요하다.

3) 저는 서울에서 3년이나 살았는데도 명동에도 가 보지 못했거니와 홍대에도 아직 가 보지 못했어요.

[연습 문제]

1. 본문의 내용에 근거하여 다음 물음에 답하십시오.

1) 서동요에 관한 서술에서 알맞은 것을 모두 고르십시오.

(   )

① 신라 진평왕이 지은 것이다.
② 백제 무왕이 지은 것이다.
③ 서동요는 향가에 속한다.
④ 『삼국유사』에 수록되어 있다.

제 4 과   아니 땐 굴뚝에 연기 날까

2) 본문의 내용과 일치하지 않는 것을 고르십시오.

(　　　　)

① 이 글은 선화공주의 선천적인 총명함을 쓰고 있다.

② 서동과 선화공주는 원래부터 모르는 사이였다.

③ 서동과 선화공주는 결혼하였다.

④ 선화공주는 신라 진평왕의 셋째 딸이다.

2. 서로 알맞은 말을 연결하고 중국어로 번역하십시오.

① 인적이　　　•　　　　• 긴밀하다

② 지혜를　　　•　　　　• 연기가 날까

③ 구성이　　　•　　　　• 짓다

④ 사방에　　　•　　　　• 엿보다

⑤ 아니 땐 굴뚝에 •　　　• 퍼지다

⑥ 무리를　　　•　　　　• 드물다

① --

② --

③ --

④ --

⑤ --

⑥ --

3. 다음 물음에 답하십시오.

※ **밑줄 친 단어와 바꾸어 쓸 수 있는 가장 알맞은 것을 고르십시오.**

1) 서동은 신라 선화공주가 <u>유달리</u> 곱고 아름답다는 말을 듣고 아내로 맞이하리라 작심했다.

( )

① 신통히　　　　　　　② 유심히
③ 분명히　　　　　　　④ 남달리

2) "선화공주님은 <u>남몰래</u> 사랑을 한다네, 서동님을 남몰래 만난다네."

( )

① 남다르게　　　　　　② 은근히
③ 남모르게　　　　　　④ 살며시

3) 이 노래는 <u>곧</u> 사방에 퍼졌다.

( )

① 바로　　　　　　　　② 천천히
③ 이제　　　　　　　　④ 마침내

4) <u>마침내</u> 이 노래는 대궐에까지 들리게 되었다.

( )

① 비로소　　　　　　　② 끝내
③ 마지막　　　　　　　④ 새삼스레

제 4 과 아니 땐 굴뚝에 연기 날까

※ **밑줄 친 단어의 반대말을 고르십시오.**

5) 대신들은 처음에는 무슨 <u>헛소문</u>이려니 여겼다.

(   )

① 거짓말   ② 뜬소문
③ 참말   ④ 헛말

※ **밑줄 친 단어의 뜻과 같은 뜻으로 사용된 것을 고르십시오.**

6) 그들을 인적이 <u>드문</u> 곳에 가서 조용히 살게 했다.

(   )

① 왕래가 드물다   ② 곡식을 드물게 심다
③ 보기가 드물다   ④ 세상에 드문 일

4. 함께 이야기해 봅시다.

위의 이야기에서 서동은 매우 지혜롭게 자기의 소원을 이루었습니다. 여러분은 소원을 이루기 위해 어떤 노력을 하였는지 같이 이야기해 봅시다.

5. 다음 글을 읽고 글에 알맞은 제목을 붙인 후, 감상을 발표해 봅시다.

제목: _____

고려 때 칠십이 넘은 노인을 버리는 고려장이라는 풍습이 있었다. 한 마을에 어머니를 끔찍이 생각하는 효자가 있었는데, 그는 칠십이 넘은 어머니를 차마 버릴 수 없어 깊은 산중에 모시고 매일 음식을 가져다 드렸다.

그러던 어느 날, 나라에서 세 가지 문제를 내어 맞히도록 했다. 첫째는 위아래가 똑같은 나뭇등걸의 머리 쪽과 뿌리 쪽을 알아보라는 것이고, 둘째는 수천 근이나 되는 코끼리의 무게를 재는 것이며, 셋째는 똑같이 생긴 두 마리의 말 중 어느 것이 어미이고 어느 것이 새끼인지 알아보라는 것이었다.

아들은 어머니에게 밥을 가져다 드리며 이 이야기를 했다. 그러자 어머니는 나뭇등걸은 물에 띄우면 뿌리 쪽으로 기울어 가라앉기 때문에 알 수 있고, 코끼리는 배에 실어서 배가 가라앉은 정도를 표시해 놓고 코끼리를 내린 후, 배에 표시된 만큼 돌을 실어 그 돌들의 무게를 합하면 된다고 알려 주셨다. 그리고 말은 나란히 세워두고 풀을 주면 새끼는 풀을 먹고 어미는 새끼 쪽으로 풀을 밀 것이니 새끼와 어미를 구별할 수 있을 것이라고 했다.

아들은 임금에게 가서 이를 아뢰어 큰 상을 받게 되었다. 임금이 그를 크게 치하하자 그는 사실 이는 칠십이 넘은 노모의 지혜라고 아뢰었다. 그러자 임금은 어머니에게도 큰 상을 내렸다. 아들이 기뻐하며 어머니를 찾아갔을 때 어머니는 이미 며칠을 굶는 바람에 돌아가시고 말았다. 그 후 나라에서는 고려장을 취소하고 어른들을 더욱 공경하도록 하였다.

제 4 과   아니 땐 굴뚝에 연기 날까

◆ **오늘의 명언**

见善则迁，有过则改。

우리는 현명한 사람을 보면 그와 같이 되기를 바라고 현명하지 못한 사람을 보면 나도 그러하지 않은지 되돌아봐야 한다.

제5과 세종대왕

 **[읽어 두기]**

요점 정리: 이 글은 세종대왕의 업적과 공헌을 정치·경제·문화 등 다방면에서 소개하고 있다.

본문 특징: ① 이 글은 세종대왕의 전기문(傳記文)이다.
② 세종대왕의 업적을 통해 독자들에게 감동과 교훈을 준다.

지식 정보:

① 훈민정음(訓民正音): 백성을 가르치는 바른 소리라는 뜻으로, 1443년에 세종대왕이 창제한 한글을 이르는 말이다. 17개의 자음과 11개의 모음으로 되어 있다.

② 음양오행(陰陽五行): 음양오행은 한국적 우주관의 근원을 이루며 한민족의 사상적 원형의 바탕을 이룬다. 음양오행 사상은 음(陰)과 양(陽)의 소멸·성장·변화, 그리고 음양에서 파생된 오행(五行) 즉 수(水)·화(火)·목(木)·금(金)·토(土)의 움직임으로 우주와 인간 생활의 모든 현상과 생성 및 소멸을 해석하는 사상이다.

[본문]

　세종대왕은 조선시대 가장 위대한 업적을 남긴 걸출한 임금으로 한민족 역사상 가장 존경받는 인물이다. 그는 재위 32년 동안 정치・사회・경제・문화 등에서 쌓아올린 업적을 바탕으로 조선의 기틀을 마련하였고 문화의 전성기를 이루었다.

　세종대왕은 유교정치의 기반이 되는 의례와 제도를 정비하여 나라의 번영을 이끌었으며 실질적인 학문 연구 기관인 집현전을 만들어 많은 인재를 양성하였다.

　세종대왕의 어진 정치는 백성을 어여삐 여기고 백성들의 생활에 실질적으로 도움이 되는 문화 정책을 추진한 데서 집중적으로 표현된다. "내가 궁중에서 자란 까닭으로 백성의 어려움을 알지 못한다."고 한 탄식에서 백성에 대한 세종대왕의 사랑을 엿보고도 남음이 있다.

　세종대왕의 가장 위대한 업적은 훈민정음의 창제이다. 훈민정음은 백성을 가르치는 바른 소리라는 뜻으로 천(天)・지(地)・인(人) 삼재와 음양오행의 원리를 바탕으로 만들어진 문자이다.

― 세종대왕은 어떤 임금입니까?

― 세종 시기는 어떤 시기였습니까?

― 세종대왕의 어진 정책은 어디에서 표현됩니까?

― 세종대왕의 가장 위대한 업적은 무엇입니까?

훈민정음의 창제로 한민족은 아름답고 배우기 쉬우며 풍부한 표현력을 가진 고유의 문자를 갖게 되었고 동시에 찬란한 문화를 창조하게 되었다.

세종대왕은 또 활자를 고치고 인쇄술을 개혁하였는가 하면 과학기술, 천문, 기상, 농업 분야에서도 괄목할 만한 큰 공훈을 세웠다.

> 훈민정음의 창제는 어떤 의의가 있습니까?

> 세종대왕은 또 어떤 공훈을 세웠습니까?

[새 단어]

걸출(傑出)하다	(形)	杰出，出色，卓越
찬란(燦爛)하다	(形)	灿烂
이룩하다	(他动)	实现，取得
집현전(集賢殿)	(名)	集贤殿 (조선 전기에 경적(經籍)·전고(典故)·진강(進講) 따위를 맡아보던 관아)
기반(基盤)	(名)	基础，基底，根基，立足点
이끌다	(他动)	带领，引领
기틀	(名)	基础，根本，根基
어질다	(形)	仁慈，善良，老实
어여삐	(副)	怜爱，可爱
추진(推進)하다	(他动)	推进，推动，促进

까닭	(名)	原因，缘故，理由
으뜸	(名)	最好，最棒，第一，首屈一指
창제(創製)	(名)	创制，创造
바르다	(形)	正确，端正
천지인 삼재(天地人三才)	(复合名词)	天地人三才
바탕	(名)	基础，根基，底子
괄목(刮目)하다	(自动)	令人瞩目，令人刮目相看
활자(活字)	(名)	活字，铅字

 [문법 설명]

1. -고도 남음이 있다: 관용구

용언의 어간에 붙어, 선행절의 어떤 현상이나 상태 혹은 수량의 정도가 '충분함, 넉넉함, 지나침'이 있음을 나타낸다.

예문:

1) "내가 궁중에서 자란 까닭으로 백성의 어려움을 알지 못한다."고 한 탄식에서 우리는 백성에 대한 세종대왕의 사랑을 엿보고도 남음이 있다.

2) 설악산의 경치는 너무 아름다워서 사람들의 감탄을 자아내기에 충분하고도 남음이 있었다.

3) 우리 반 반장은 능력과 지혜가 뛰어나서 학생들을 지도하고도 남음이 있다.

2. -ㄹ/을 만하다: 관용구

동사의 어간에 붙어, 그러한 것을 할 정도의 가치가 있다는 것을 나타내거나, 그런 일이 일어날 수 있는 충분한 상황이 됨을 나타낸다.

예문:

1) 세종대왕은 또 활자를 고치고 인쇄술을 개혁하였는가 하면 과학기술, 천문, 기상, 농업 분야에서도 괄목할 만한 큰 공훈을 세웠다.
2) 제주도에는 성산일출봉, 한라산 등 구경할 만한 아름다운 곳이 매우 많습니다.
3) 학교 근처에 먹을 만한 식당이 있을까요?

3. -ㄴ/은/는 데: 관용구

용언의 어간에 붙어 어떤 장소, 일, 경우 등을 나타낸다. 관용구 '-ㄴ/은/는 데'는 관형사형어미 '-ㄴ/은/는'과 '곳'이나 '장소', '일'이나 '경우'의 뜻을 나타내는 의존명사가 결합된 형태이다.

예문:

1) 세종대왕의 어진 정치는 백성을 어여삐 여기고 백성들의 생활에 실질적으로 도움이 되는 문화 정책을 추진한 데서 집중적으로 표현된다.
2) 걱정은 욕심이 많은 데에서 시작된다.
3) 준비만 잘하면 대학원에 진학하는 데도 문제가 없어요.

[연습 문제]

1. 본문의 내용에 근거하여 물음에 답하십시오.

1) 훈민정음에 관한 서술로 알맞은 것을 모두 고르십시오.

（　　　　　）

① 백성을 가르치는 바른 소리라는 뜻이다.

② 1443년에 창제된 한글이다.

③ 11개의 자음과 17개의 모음으로 되었다.

④ 세종대왕이 창제하였다.

2) 본문의 내용과 다른 것을 고르십시오.

（　　　　　）

① 세종대왕은 백성을 어여삐 여긴 임금이다.

② 훈민정음은 아름답지만 배우기 어려운 글이다.

③ 세종대왕은 음악, 천문, 기상 면에서도 큰 공훈을 세웠다.

④ 이 글은 한편의 인물전기이다.

제 5 과 세종대왕

2. 다음 말들을 연결하고 중국어로 번역하십시오.

① 훈민정음의 •   • 도움

② 기틀을 •   • 공헌

③ 사상적 •   • 창제

④ 위대한 •   • 문화

⑤ 전성기를 •   • 마련하다

⑥ 실질적인 •   • 업적

⑦ 찬란한 •   • 이루다

⑧ 괄목할 만한 •   • 원형

①
②
③
④
⑤
⑥
⑦
⑧

3. 다음 물음에 답하십시오.

※ **밑줄 친 단어와 바꾸어 쓸 수 있는 가장 알맞은 것을 고르십시오.**

1) 백성들의 생활에 실질적으로 도움이 되는 문화 정책을 <u>추진</u>한 데서 집중적으로 표현된다.

( )

① 밀고 나가다   ② 다그치다
③ 추천하다   ④ 고무하다

2) "내가 궁중에서 자란 <u>까닭</u>으로 백성의 어려움을 알지 못한다."고 한 탄식에서 백성에 대한 세종대왕의 사랑을 엿보고도 남음이 있다.

( )

① 목적   ② 원인
③ 의도   ④ 생각

3) 세종대왕의 어진 정치는 백성을 <u>어여삐</u> 여기고 백성들의 생활에 실질적으로 도움이 되는 문화 정책을 추진한 데서 집중적으로 표현된다.

( )

① 측은하게   ② 불쌍하게
③ 예쁘게   ④ 곱살스럽게

4) 세종대왕은 또 활자를 고치고 인쇄술을 <u>개혁</u>했다.

(　　　)

① 개발　　　　　　　② 개간
③ 개척　　　　　　　④ 개선

※ **밑줄 친 단어의 반대말로 알맞은 것을 고르십시오.**

5) 훈민정음의 창제로 한민족은 <u>찬란한</u> 문화를 창조하게 되었다.

(　　　)

① 쓸쓸하다　　　　　② 암담하다
③ 어둡다　　　　　　④ 빛나다

※ **밑줄 친 단어의 뜻과 같은 뜻으로 사용된 것을 고르십시오.**

6) 훈민정음은 <u>풍부한</u> 표현력을 가진 문자이다.

(　　　)

① 풍부한 자원　　　　② 풍부한 상상력
③ 풍부한 성량　　　　④ 풍부한 생활

4. 함께 이야기해 봅시다.

중국에도 세종대왕과 같이 역사적으로 위대한 인물들이 많습니다. 중국의 위대한 인물과 그들의 업적에 대해 이야기해 봅시다.

5. 다음 글을 읽고 글에 알맞은 제목을 붙인 후, 감상을 발표해 봅시다.

제목: _____

조선시대 뛰어난 능력으로 많은 업적을 남긴 세종대왕은 백성들에게 자주 은전(나라에서 은혜를 베풀어 내리던 특전)을 베푼 것으로 유명합니다.

세종대왕은 징발된 군사들을 늘 기한 전에 돌려 보냈으며, 노비가 주인으로부터 혹형을 당하지 않도록 처우를 개선해 주었습니다. 특히 관비의 출산 휴가를 7일에서 100일로 연장했는가 하면 산기가 임박해서까지 지친 몸으로 일하다 미처 집에 이르기도 전에 출산하는 경우가 있어 출산 전에도 한 달간의 휴가를 내주었습니다. 또 보살필 사람이 없어 산모가 목숨을 잃기까지 했던 것을 가엾게 여겨 산모의 남편에게도 30일의 휴가를 주어 부부로서의 도리를 다하게 했습니다.

'백성을 사랑하는 마음'이 근간이었던 세종대왕이 조선시대 가장 훌륭한 성군이라 일컬어지는 이유가 바로 여기에 있습니다.

제 5 과 세종대왕

◆ **오늘의 명언**

"水能载舟，亦能覆舟。"这个道理我们必须牢记，任何时候都不能忘却。老百姓是天，老百姓是地。忘记了人民，脱离了人民，我们就会成为无源之水、无本之木，就会一事无成。

"물은 배를 띄울 수도 있지만 뒤집을 수도 있다"는 이 도리를 언제나 잊지 말고 명심해야 한다. 백성은 하늘이고 백성은 땅이다. 인민을 잊고 인민과 멀어지면 우리는 원천을 잃은 물, 뿌리가 없는 나무가 될 것이며, 아무 것도 성사할 수 없을 것이다.

제6과　가을빛

 **[읽어 두기]**

요점 정리: 이 글에서 작가는 성숙과 번영, 기쁨과 환락을 의미하는 가을빛을 노래했다.

본문 특징: ① 이 글은 서정성이 강한 수필로서 비유법, 의인법 등 다양한 수사법이 사용되었다.
② 이 글은 우아하고 운치가 넘친다.

지식 정보: ① 직유(直喩)와 은유(隱喩): 비유법의 일종으로 직유는 비슷한 성질이나 모양을 가진 두 사물을 '같이', '처럼', '듯이'와 같은 연결어로 결합하여 직접 비유하는 수사법이고, 은유는 직유와 달리 원관념과 보조관념을 연결하여 '무엇은 무엇이다'와 같은 형태로 사물의 상태나 움직임을 암시적으로 나타내는 수사법이다.
② 도치법(倒置法): 도치법은 독자들에게 강한 인상을 주기 위해 일반적인 언어 배열 순서를 바꾸어 표현하는 기법이다.

[본문]

　　아침 산책을 나가 바닷가를 거니노라니 바다는 전보다 훨씬 더 푸르러지고 하늘은 전보다 훨씬 더 높아진 것만 같이 느껴졌다.
　　가을은 봄보다도 더 생기와 희망으로 차 넘친다.
　　가을은 봄보다도 더 화려하고 아름다운 빛깔로 차 넘친다.
　　보라, 황금빛으로 설레는 전야를. 봄날의 푸르싱싱함도 가을의 황금빛을 위한 모질음에 지나지 않는다.
　　보라, 저기 저 서쪽 산비탈을 온통 붉게 물들이고 있는 감나무숲을. 마치 타오르는 불바다인 양 눈이 다 실 지경이다.
　　보라, 잎사귀 속에서 숨바꼭질을 하는 저 적황색 사과, 가지가 휘도록 주렁진 마노 같은 저 아가위를. 그리고 '수정'이라고 불리우는 저 녹색 포도는 어찌나 맑지고 윤택이 도는지 마치 수정이나 옥돌로 조각해낸 것 같다……
　　아! 이 얼마나 사랑스러운 가을빛인가!
　　아! 이 얼마나 매혹적인 가을빛인가!

가을은 봄에 비해 어떤 특징이 있습니까?

가을의 전야, 감나무숲, 과일을 어떻게 묘사했습니까?

어떤 수사법을 사용했습니까?

제 6 과 가을빛

　내가 이토록 아름다운 가을빛을 즐김은 그것이 성숙과 번영을 보여 주고 있기 때문이며 그것이 기쁨과 환락을 말해 주고 있기 때문이노라.

(출처: 쥔칭(峻青)의 수필 「가을빛(秋色)」中 발췌)

작가는 왜 가을을 즐긴다고 했습니까?

[새 단어]

거닐다	(自动)	散步，漫步
훨씬	(副)	更加
생기(生氣)	(名)	生机，朝气，活力，活气
황금(黃金)빛	(名)	金黄色，金色
설레다	(自动)	（心情）激动，不平静，荡漾，（心潮）澎湃
전야(田野)	(名)	田野
산(山)비탈	(名)	山坡
푸르싱싱하다	(形)	翠生生，绿葱葱
모질음	(名)	挣扎，竭尽
물들이다	(使动)	染色
타오르다	(自动)	燃烧
시다	(形)	炫目，刺眼，耀眼
지경(地境)	(名)	境地，地步，状况

숨바꼭질	(名)	时隐时现；捉迷藏
휘다	(自动)	折弯，弄弯
적황색(赤黃色)	(名)	赤黄色，橘黄色
마노(瑪瑙)	(名)	玛瑙
아가위	(名)	山楂，山里红
맑지다	(形)	明净，明澈
윤택(潤澤)	(名)	润泽，滋润
돌다	(自动)	充满，盈满，噙着
조각(雕刻)하다	(他动)	雕刻，雕琢
매혹적(魅惑的)	(名)	迷人的，有魅力的

✏ 메모:

 **[문법 설명]**

1. -ㄴ/은/는 양: 관용구

용언의 어간에 붙어, 어떤 모양 혹은 어떤 행동을 하고 있음을 나타낸다. 관용구 '-ㄴ/은/는 양'은 관형사형어미에 의존명사 '양'이 결합된 형태로, 비유하여 말할 때는 '-ㄴ/은/는 것 처럼', '-ㄴ/은/는 것 같이'로 바꿔 쓸 수 있다.

예문:

1) 마치 타오르는 불바다인 양 눈이 다 실 지경이다.
2) 그 사람은 마치 오래 전부터 알고 지냈던 사이인 양 친숙하게 말을 걸어왔다.
3) 그는 상사라도 된 양 나에게 이것저것 심부름을 시켰다.

2. -ㄹ/을 지경이다: 관용구

동사의 어간에 붙어, 어떤 상황의 정도를 과장하여 나타낼 때 쓰인다. 이때 그 정도는 '쓰러지다, 죽다, 미치다' 등 부정적인 표현과 자주 쓰인다.

예문:

1) 마치 타오르는 불바다인 양 눈이 다 실 지경이다.
2) 요즘 회사에 일이 많아서 힘들어 죽을 지경이다.
3) 출퇴근 시간에는 지하철에 사람들이 너무 많아 숨이 막힐 지경이다.

3. -노라: 종결어미

예스러운 표현으로 동사의 어간이나 '-았/었/였-', '-겠-' 뒤에 붙어, 말하는 사람이 자신의 행위를 위엄있게 선언하거나 감동의 느낌을 나타낼 때 사용한다. 이때 문장의 주어는 말하는 사람 자신이어야 한다.

예문:

1) 내가 이토록 아름다운 가을빛을 즐김은 그것이 성숙과 번영을 보여주고 있기 때문이며 그것이 기쁨과 환락을 말해주고 있기 때문이노라.

2) 우리는 어떤 어려움에 부닥쳐도 끝까지 명예를 지키겠노라.

3) 그 일은 나도 이미 들어 알고 있노라.

[연습 문제]

1. 본문의 내용에 근거하여 다음 물음에 답하십시오.

1) 비유법과 도치법에 관한 설명으로 알맞은 것을 모두 고르십시오.

(   )

① 직유는 비슷한 성질이나 모양을 가진 두 사물을 직접 비유하는 수사법이다.

② 은유는 사물의 상태나 움직임을 암시적으로 나타내는 수사법이다.

③ 도치법은 일반적인 언어 배열 순서를 바꾸어 표현하는 수사법이다.

④ 은유는 '같이', '처럼', '듯이'와 같은 연결어와 결합한다.

2) 본문의 내용과 일치하지 않는 것을 고르십시오.

( )

① 이 글은 서정성이 아주 강하다.

② 이 글에서는 작가는 가을빛을 노래하였다.

③ 이 글에서 작가는 비유법, 의인법, 도치법 등 다양한 수사법을 사용하였다.

④ 이 글에서는 여름과 가을을 대조하였다.

2. 다음 말들을 중국어로 번역하십시오.

① 붉게 물들이다

② 강한 인상

③ 모질음에 지나지 않다

④ 생기와 희망으로 차넘치다

⑤ 눈이 실 지경

① _____

② _____

③ _____

④ _____

⑤ _____

3. 다음 물음에 답하십시오.

※ 밑줄 친 단어와 바꾸어 쓸 수 있는 가장 알맞은 것을 고르십시오

1) 아침 <u>산책</u>을 나가 바닷가를 거니노라니 바다는 전보다 훨씬 더 푸르렀다.

(   )

① 소풍　　　　　　　　② 달리기
③ 산보　　　　　　　　④ 등산

2) 바다는 전보다 훨씬 더 <u>푸르러졌다</u>.

(   )

① 푸릇푸릇하다　　　　② 푸르뎅뎅하다
③ 푸르스레하다　　　　④ 새파랗다

3) 보라, 황금빛으로 설레는 <u>전야</u>를.

(   )

① 마을　　　　　　　　② 농촌
③ 언덕　　　　　　　　④ 들판

4) 보라, 저기 저 서쪽 산비탈을 온통 붉게 물들이고 있는 감나무숲을. <u>마치</u> 타오르는 불바다인 양 눈이 다 실 지경이다.

(   )

① 마냥　　　　　　　　② 흡사
③ 꼭　　　　　　　　　④ 설사

제 6 과   가을빛

※ **밑줄 친 단어의 반대말로 알맞은 것을 고르십시오.**

5) 가을은 봄보다도 더 <u>화려</u>하고 아름다운 빛깔로 차 넘친다.

(   )

① 눈부시다   ② 단출하다
③ 초라하다   ④ 다채롭다

※ **밑줄 친 단어의 뜻과 같은 뜻으로 사용된 것을 고르십시오.**

6) 저 녹색 포도는 어찌나 맑고 윤택이 <u>도는</u>지 마치 수정이나 옥돌로 조각해낸 것 같다.

(   )

① 기름기가 돌다   ② 기계가 돌다
③ 자금이 돌다   ④ 소문이 돌다

4. 함께 이야기해 봅시다.

1) 다양한 수사법을 사용하여 여러분이 좋아하는 계절의 아름다움을 묘사해 봅시다.

2) 자연과 환경을 보호하지 않으면 아름다운 경치와 풍경도 없습니다. "绿水青山就是金山银山"에 대한 여러분의 생각을 이야기해 봅시다.

5. 다음 글을 읽고 알맞은 제목을 붙인 후, 감상을 이야기해 봅시다.

제목: _____

한때는 석탄, 조개탄, 연탄으로 추운 겨울을 견디던 시절이 있었지만, 지금은 석탄보다 사용하기 쉬운 연료의 대체로 탄광촌이 하나씩 사라지는 중입니다. 어떤 탄광촌 사람들은 마을을 관광단지로 만들고자 했습니다. 평생을 살아온 고향을 버리지 못하는 사람들이었습니다. 하지만 결과는 신통치 않았습니다. 마을 주민들은 갈수록 힘이 빠졌습니다.

"이제는 마을을 포기해야 하나? 이제 석탄도 나오지 않는 촌 동네에 누가 관심을 두겠어."

허탈한 마음으로 탄광을 돌아보던 마을 주민들은 탄광 안쪽에서 쭈그려 앉아서 무언가를 쳐다보는 사람을 발견했습니다. 얼마 전 마을 탄광촌에 관광 온 시인이었습니다.

시인은 탄광 안쪽에 핀 작고 하얀 꽃을 살피고 있었습니다. 그 꽃은 동네에서 흔하게 볼 수 있는 야생화였습니다. 주민 중에 한 사람이 그 시인에게 말했습니다.

"저기요. 그깟 꽃이 뭐가 신기하다고 그렇게 봅니까?"

그 사람의 말에 시인은 주변의 탄가루를 한 줌 쥐어 꽃에 뿌렸습니다.

제 6 과   가을빛

그런데 탄가루가 꽃잎에 닿자마자 가루들이 바닥으로 떨어졌고 그 꽃은 하얀 모습 그대로 있었습니다.

"여러분, 이것 보세요. 꽃잎이 어찌나 매끄럽고 깨끗한지 이 시커먼 석탄 먼지 속에서도 하얀 모습을 간직하고 있네요. 어떤 장소에서라도 순수하고 깨끗한 것은 언제나 아름다운 법이지요. 저는 탄광 속에 핀 이 한 송이 꽃이 너무 아름답습니다."

우리의 마음도 마찬가지입니다. 어떤 장소와 환경에서라도 꽃이 아름답게 피어나듯이, 어떤 사람의 마음속에서도 깨끗한 마음이 자랄 수 있습니다.

메모:

◆ 오늘의 명언

　　建设生态文明是关系中华民族永续发展的根本大计。

　　생태 문명 건설은 중화민족의 지속가능한 발전의 근본이다.

제7과 한국의 전통 가옥

 **[읽어 두기]**

요점 정리: 이 글은 한국의 전통 가옥에 대한 소개를 통하여 자연과 조화를 이루는 한옥의 아름다움과 조상들의 현명한 삶의 지혜를 소개하였다.

본문 특징: ① 이 글은 한국 전통 가옥의 특징을 소개한 설명문이다.
② 설명 순서가 일목요연하고 설명이 간단명료하다.

지식 정보: ① 한옥(韓屋): 한옥은 한국의 전통 가옥 형태를 일컫는 말로, 한국의 자연 환경과 한국인의 재래식 의식주 생활 패턴에 맞춰 발전하였으며 다른 나라의 전통 가옥과 구분되는 여러 특징을 갖고 있다.

② 구들: 구들은 온돌(溫突)이라고도 한다. 구들은 '구운 돌', 온돌은 '따뜻하게 데운 돌'에서 유래된 단어로 동일한 뜻을 지니고 있다. 구들은 불을 때는 아궁이, 불길을 통과시켜 구들장을 덥히는 고래, 연기를 배출하는 굴뚝으로 구성된다. 아궁이에 지핀 불이 고래를 통과하면서 그 위에 깔린 구들장을 덥혀 난방하는 바닥 난방 방식으로, 구들은 화재에도 안전하다.

[본문]

　한국의 전통 가옥을 한옥이라고도 하는데 한옥은 구들과 마루로 된 집을 말한다.

　한국의 전통 가옥은 집의 구조에서부터 재료에 이르기까지 자연을 느낄 수 있게 되어 있다. 그것은 집의 기초는 돌로 하고 기둥, 문, 대청, 마루는 나무로 하며, 구들과 벽은 돌과 흙으로 만들었기 때문이다. 그리고 문과 창에도 나무로 만든 한지를 발랐다.

　한국 전통 가옥의 지붕으로는 기와지붕과 초가지붕 두 가지가 보편적이다. 부유한 집에서는 기와로 지붕을 올렸고, 서민들이 사는 일반 농가에서는 대부분 볏짚으로 지붕을 올렸다.

　조선 시대 상류층의 주택은 일반적으로 안채와 사랑채로 구분되었다. 안채는 여성들이 사용하는 공간으로 주택의 안쪽에 위치하였고 사랑채는 남성들의 공간으로 글공부를 하거나, 친구들과 함께 이야기를 나누던 공간이었다.

　전통 가옥에서는 신발을 벗고 들어가 바닥에 바로 앉아서 생활하기 때문에 방은 늘 청결하게 유지되었다. 낮에는 의자 대신 바닥에 앉아

한국 전통 가옥에서 왜 자연을 느낄 수 있습니까?

전통 가옥의 지붕에 대해 이야기해 보십시오.

전통 가옥의 안채와 사랑채는 각각 어떤 공간입니까?

전통 가옥의 방은 어떤 공간입니까?

식사를 하거나 공부를 하는 등 좌식 생활을 하였고 밤에는 침대 대신 따뜻한 방바닥에 이부자리를 펴고 잠을 잤다.

한국의 전통 가옥은 높거나 화려하지 않지만 넉넉함과 여유로움을 느낄 수 있을 뿐만 아니라 마루와 온돌이 있어 여름에는 마루에서 시원하게 지내고 겨울에는 온돌에서 따뜻하게 지낼 수 있다

한옥의 장점은 무엇입니까?

[새 단어]

기둥	(名)	柱，柱子
대청(大廳)	(名)	厅堂，大厅
한지(韓紙)	(名)	韩纸
바르다	(他动)	涂，抹
지붕	(名)	屋顶，房顶
볏짚	(名)	稻草
안채	(名)	里屋，后屋
사랑(舍廊)채	(名)	（韩式房屋的）厢房
따뜻하다	(形)	热乎，暖和，温暖
구들	(名)	炕，火炕
이부자리	(名)	被褥，寝具

방석(方席)	(名)	坐垫，垫子
좌식(座式)	(名)	坐式
청결(淸潔)하다	(形)	清洁，洁
화려(華麗)하다	(形)	华丽，丰富多彩
넉넉하다	(形)	足够，充足，充分，充裕
여유(餘裕)롭다	(形)	悠闲，松快，充裕，宽裕

 [문법 설명]

1. -게 되다: 관용구

용언의 어간에 붙어, 외부적인 영향에 의해 어떤 상황에 이르게 되거나 바뀌었음을 나타낸다. 일부 동사 어간에 붙어 피동의 의미를 나타낸다.

예문:

1) 한국의 전통 가옥은 집의 구조에서부터 재료에 이르기까지 자연을 느낄 수 있게 되어 있다.

2) 영원한 비밀은 없어요. 나중에 사람들이 알게 돼요.

3) 커튼을 바꾸었더니 집안 분위기가 달라지게 되었어요.

2. -거나: 연결어미

용언의 어간에 붙어, 둘 이상의 경우 중에 하나를 선택함을 나타낸다.

예문:

1) 사랑채는 남성들의 공간으로 글공부를 하거나, 친구들과 함께 이야기를 나누던 공간이었다.
2) 주말에는 도서관에 가거나 쇼핑을 하거나 청소를 해요.
3) 한국에서는 설날에 가족들이 모여서 음식을 먹거나 전통 놀이를 하면서 명절을 즐겨요.

3. -던: 선어말어미

용언의 어간에 붙어, 뒤에 오는 말을 수식한다. 과거의 일이나 상태를 회상해서 말할 때 사용하거나, 과거의 일이나 상태가 완료되지 않은 상태 혹은 상태가 지속되거나 반복적이었음을 나타낸다.

예문:

1) 사랑채는 남성들의 공간으로 글공부를 하거나, 친구들과 함께 이야기를 나누던 공간이었다.
2) 내가 보던 소설책이 어디 있지?
3) 어렸을 때 우리가 살던 동네는 아주 작은 시골이었습니다.

[연습 문제]

1. 본문의 내용에 근거하여 다음 물음에 답하십시오.

1) 한옥과 구들에 관한 설명으로 알맞은 것을 모두 고르십시오.

(   )

① 한옥은 한국의 전통 가옥 형태를 일컫는 말로 한국의 자연 환경과 한국인의 재래식 의식주 생활 패턴에 맞춰 발전하였다.

② 구들은 '구운 돌', 온돌은 '따뜻하게 데운 돌'에서 유래된 단어로 동일한 뜻을 지니고 있다.

③ 한옥은 한국의 현대 가옥 형태를 일컫는 말이다.

④ 구들은 불 때는 아궁이, 불길을 통과시켜 구들장을 덥히는 고래, 연기를 배출하는 굴뚝으로 구성된다.

2) 본문의 내용과 일치하지 않는 것을 고르십시오.

(   )

① 집의 기초는 돌로 하고 기둥, 문, 대청은 나무로 한다.

② 한국 전통 가옥의 지붕으로는 기와지붕, 초가지붕 두 가지가 보편적이다.

③ 사랑채는 여성들의 주거 공간이다.

④ 한국의 전통 가옥은 마루와 온돌이 있어 여름에는 시원하고 겨울에는 따뜻하다.

제 7 과 한국의 전통 가옥

2. 다음 말들을 연결하고 중국어로 번역하십시오.

① 현명한　　•　　　　• 설명

② 간단명료한 •　　　　• 삶의 지혜

③ 자연을　　•　　　　• 펴다

④ 이야기를　•　　　　• 벗다

⑤ 이부자리를 •　　　　• 나누다

⑥ 신발을　　•　　　　• 느끼다

① _____
② _____
③ _____
④ _____
⑤ _____
⑥ _____

3. 다음 물음에 답하십시오.

※ 밑줄 친 단어와 바꾸어 쓸 수 있는 가장 알맞은 것을 고르십시오.

1) <u>부유한</u> 집에서는 기와 지붕을 올렸다.

(　　　　)

① 유복하다　　　　② 후하다

③ 넘치다　　　　　④ 넉넉하다

2) 밤에는 침대 대신 <u>따뜻한</u> 방바닥에 이부자리를 펴고 잠을 잤다.

(　　　　)

① 뜨겁다　　　　　　　② 온화하다
③ 훈훈하다　　　　　　④ 편안하다

3) 전통 가옥에서는 신발을 벗고 들어가 바닥에 <u>바로</u> 앉아서 생활하기 때문에 방은 늘 청결하게 유지되었다.

(　　　　)

① 그냥　　　　　　　　② 당장
③ 똑바로　　　　　　　④ 꼿꼿이

4) 한국 전통 가옥은 높거나 화려하지 않지만 넉넉함과 <u>여유로움을</u> 느낄 수 있다.

(　　　　)

① 빈틈　　　　　　　　② 여지
③ 한가함　　　　　　　④ 느긋함

※ **아래 문장의 밑줄 친 단어의 반대말을 고르십시오.**

5) 조선 시대 상류층의 주택은 <u>일반적</u>으로 안채와 사랑채로 구분되었다.

① 보편적　　　　　　　② 특수적
③ 개별적　　　　　　　④ 상식적

※ **밑줄 친 단어의 뜻과 같은 뜻으로 사용된 것을 고르십시오.**

6) 사랑채는 글공부를 하거나 친구들과 이야기를 <u>나누던</u> 공간이었다.

(   )

① 세 몫으로 나누다. ② 음식을 나누다.
③ 기쁨을 나누다.   ④ 인사를 나누다.

4. 함께 이야기해 봅시다.

1) 한국의 전통 가옥은 어떤 특징이 있습니까?
2) 중국 전통 가옥의 재료, 구조, 기능 등을 한국 전통 가옥과 비교하면서 이야기해 봅시다.

메모:

5. 다음 글을 읽고 글에 알맞은 제목을 붙인 후, 감상을 발표해 봅시다.

제목: _____

대대로 조선 시대 왕들이 기거(起居)한 경복궁은 조선에서 가장 아름다운 건축물입니다. 그런데 그 궁궐 안에 주춧돌도 쓰지 않은 허름한 집 한 채가 있었습니다. 지붕도 짚으로 엮지 않고 억새풀을 얹어 놓았고 방바닥에는 아무것도 깔지 않아 평민들이 지내는 초가집보다 더 초라했습니다.

한때 이 집에 기거했던 사람은 바로 다름 아닌 세종대왕이었습니다. 강원도에서 대기근(大飢饉)이 발생하여 백성들이 먹을 것이 없어 흙까지 파먹는 상황에 이르자, 세종대왕은 백성들의 피해를 최소화하기 위해 노력하였을 뿐만 아니라 동시에 백성들의 고통을 함께하고자 그 초가집에 머물렀습니다.

이 허름한 초가집은 그 후에도 꽤 오랜 시간 동안 세종대왕의 거처로 사용되었다고 합니다. 혹시라도 신하들이 초가집 방바닥에 지푸라기라도 깔아두면 크게 노하며 거친 흙바닥에서 주무시는 생활을 몇 년이나 하였습니다.

제 7 과   한국의 전통 가옥

◆ **오늘의 명언**

　　不忘历史才能开辟未来，善于继承才能善于创新。优秀传统文化是一个国家、一个民族传承和发展的根本，如果丢掉了，就割断了精神命脉。我们要善于把弘扬优秀传统文化和发展现实文化有机统一起来，紧密结合起来，在继承中发展，在发展中继承。

　　역사를 명기해야만 미래를 개척할 수 있고 계승을 잘해야만 혁신을 잘할 수 있다. 우수한 전통문화는 한 나라, 한 민족이 전승되고 발전함에 있어서의 근본으로서 전통문화를 잃으면 정신적 명맥이 끊어지게 된다. 우리는 우수한 전통문화를 고양하는 것과 현실 문화를 발전시키는 것을 유기적으로 통일시키고 밀접히 결합시켜 계승하는 가운데서 발전하고, 발전하는 가운데서 계승해 나가야 한다.

제8과 옳고 그름의 기준

 [읽어 두기]

요점 정리: 이 글에서 작자는 옳고 그름의 기준은 절대적인 것이 아니라 말하는 사람에 따라 달라진다는 변증법적 사상을 논술하고 있다.

본문 특징: ① 이 글은 대화 형식으로 쓰여진 논설문이다.

② 작자의 주장, 견해는 무시옹의 말을 통하여 전달되고 있다.

지식 정보: ① 유비자(有非子): 자(子)는 고대에 학문이 있는 사람에 대한 존칭인데 현대의 '선생'에 해당한다. 이 글에서 유비자는 틀리기만 하는 사람이라는 뜻으로 풀이할 수 있다.

② 무시옹(无是翁): 옹(翁)은 남자 노인을 높여 지칭하는 말인데. 이글에서 무시옹은 옳다고 말하지 못하는 사람으로 풀이할 수 있다.

[본문]

　　유비자가 무시옹을 찾아가 물었다.
　　"노인장께서는 어찌하여 어떤 사람에게는 사람답다고 인정 받으시고, 어떤 사람에게는 사람답지 못하다고 평가 받으십니까?"
　　무시옹이 대답했다.
　　"사람들이 나를 사람답다고 말해도 나는 기쁘지 않고, 나를 사람답지 못하다고 해도 나는 두렵지 않네. 차라리 사람다운 사람이 나를 사람답다고 말하고, 사람답지 못한 사람이 나를 사람답지 못하다고 말한다면 좋겠네.
　　사실 나는 나를 사람답다고 말하는 이들이 어떤 부류의 사람이고, 나를 사람답지 못하다고 말하는 이들이 어떤 부류의 사람인지를 잘 모르겠구먼. 사람다운 이가 나를 사람답다고 말하면 기뻐할 일이고, 사람답지 못한 사람이 나를 사람답지 못하다고 말하면 역시 기뻐할 일이지.
　　허나 사람다운 이가 나를 사람답지 못하다고 비판하면 두려워해야 할 일이고, 사람답지 못한 이가 나를 사람답다고 칭찬하면 역시 두려워해야 할 일이네. 자, 한번 말해 보시게나.

유비자의 의문은 무엇입니까?

무시옹이 바라는 것은 무엇입니까?

무시옹은 어떤 경우에 기쁘다고 하였습니까?

무시옹은 어떤 경우에 두렵다고 했습니까?

제 8 과 옳고 그름의 기준

나를 사람답다고 말하던 사람이 어진 사람이던가? 아니면 나를 사람답지 못하다고 말하던 사람이 어진 사람이던가?"

유비자는 빙긋 웃고는 물러갔다.

[새 단어]

노인장(老人丈)	(名)	老人家，老翁，老先生（"노인"的敬称）
어찌하여	(副)	为何，为什么
사람답다	(形)	像个人样，有个人样
인정(認定)받다	(自动)	得到认可，被认可
차라리	(副)	不如，宁可，宁愿
이들	(名)	人（们）
부류(部類)	(名)	种类，类别，分类
역시(亦是)	(副)	也，也是，同样；果真；依然
허나	(副)	可是，但是，然而
빙긋	(副)	微微（一笑）
물러가다	(自动)	告退，退下，离开

 **[문법 설명]**

1. -답다: 접미사

체언의 뒤에 붙어, 그런 성질이나 특성, 자격이 있는 형용사를 만드는 접미사이다.

예문:

1) 노인장께서는 어찌하여 어떤 사람에게는 사람답다고 인정 받으시고, 어떤 사람에게는 사람답지 못하다고 평가 받으십니까?
2) 그 사람은 매우 군인답습니다.
3) 말하기 대회에서 1등을 한 사람답게 한국말을 정말 잘하는군요.

2. -네: 종결어미

용언의 어간이나 선어말어미 뒤에 붙어, 단순한 진술의 뜻을 나타내거나, 말하는 사람이 새삼스럽게 알게 된 사실에 대한 감탄을 나타낸다. 말하는 사람이 자신보다 나이나 지위가 같거나 아래인 상대방을 대접하여 말할 때도 쓰인다.

예문:

1) 차라리 사람다운 사람이 나를 사람답다고 말하고, 사람답지 못한 사람이 나를 사람답지 못하다고 말한다면 좋겠네.
2) 아버님이 돌아가셨다니, 어떻게 위로의 말을 해야 할지 모르겠네.
3) 길 앞에 한국 식당이 생겼네!

3. -구먼/는구먼: 종결어미

용언의 어간, 선어말어미 '-았/었/였-', '-겠-' 뒤에 붙어 화자가 새롭게 알게 된 사실에 대한 감탄, 놀람, 탄식의 뜻을 나타낸다. 구어체의 혼잣말에 많이 쓰이고 젊은 사람들보다 나이 든 사람들이 더 많이 쓰는 경향이 있다.

예문:

1) 나를 사람답지 못하다고 말하는 이들이 어떤 부류의 사람인지를 잘 모르겠구먼.
2) 나무가 크고 튼튼하니 올 가을에는 사과가 많이 열리겠구먼!
3) 차가 막혀서 기차역에 제 시간에 도착할지 모르겠구먼!

[연습 문제]

1. 본문의 내용에 근거하여 다음 물음에 답하십시오.

1) 다음 중 유비자와 무시옹에 관한 설명으로 알맞은 것을 모두 고르십시오.

(   )

① 유비자에서 자는 고대에 학문이 있는 사람에 대한 존칭으로서 현대의 '선생'에 해당한다.
② 유비자는 이 글에서 틀리기만 하는 사람이라는 뜻이다.
③ 무시옹에서 '옹'은 나이가 많은 여성을 지칭하는 말이다.

④ 무시옹은 이 글에서는 옳다고 말하지 못하는 사람이라는 뜻이다.

2) 본문의 내용과 일치하지 않는 것을 고르십시오.

(   )

① 사람다운 이가 나를 사람답다고 말하면 기쁜 일이다.

② 사람답지 못한 사람이 나를 사람답지 못하다고 말하면 역시 기쁜 일이다.

③ 사람다운 이가 나를 사람답지 못하다고 비판하면 두려워해야 할 일이다.

④ 사람답지 못한 이가 나를 칭찬하면 기뻐할 일이다.

2. 다음 말들을 중국어로 번역하십시오.

① 옳고 그름의 기준

② 사람답다

③ 사람답지 못하다

④ 변증법적 사상

⑤ 대화 형식

① _____

② _____

③ _____

④ _____

⑤ _____

제8과 옳고 그름의 기준

3. 다음 물음에 답하십시오.

※ 밑줄 친 단어와 바꾸어 쓸 수 있는 가장 알맞은 것을 고르십시오.

1) "노인장께서는 어찌하여 어떤 사람에게는 사람답다고 인정받으십니까?"

( )

① 확인　　　　　② 시인
③ 공인　　　　　④ 승인

2) "나를 사람답지 못하다고 해도 나는 두렵지 않네."

( )

① 어색하다　　　② 무섭다
③ 불안하다　　　④ 조마조마하다

3) "차라리 사람다운 사람이 나를 사람답다고 말하면 좋겠네."

( )

① 비로소　　　　② 만약
③ 오히려　　　　④ 만일

4) 유비자는 빙긋 웃고는 물러갔다.

( )

① 빙그레　　　　② 히죽히죽
③ 싱글벙글　　　④ 방글방글

※ **밑줄 친 단어의 반대말로 알맞은 것을 고르십시오.**

5) 아니면 나를 사람답지 못하다고 말하던 사람이 <u>어진</u> 사람이던가?

(　　　　)

① 선하다　　　　　　　　② 악하다
③ 잔혹하다　　　　　　　④ 흉악하다

※ **밑줄을 친 단어의 뜻과 같은 뜻으로 사용된 것을 고르십시오.**

6) 이 글에서 유비자는 틀리기만 하는 사람이라는 뜻으로 <u>풀이할</u> 수 있다.

(　　　　)

① 문제를 풀이하다　　　　② 수수께끼를 풀이하다
③ 단어 뜻을 풀이하다　　　④ 의문을 풀이하다

4. 함께 이야기해 봅시다.

1) 옳고 그름을 판단하기 어려웠던 경험에 대해 이야기해 봅시다.

2) 옳고 그름을 판단하는 기준은 무엇이라고 생각합니까? 같이 이야기해 봅시다.

5. 다음 글을 읽고 글에 알맞은 제목을 붙인 후, 감상을 발표해 봅시다.

제목: _____

고대 중국 춘추시대 사상가인 '노자'가 궁중 생활이 싫어 유랑의 길을 떠나며 쓴 도덕경에 '인간관계론'을 다음과 같이 정리해 놓았다.

첫째, 진실함이 없는 말을 늘어놓지 말라. 남의 비위를 맞추거나 사람을 추켜세우거나 머지않아 밝혀질 감언이설(甘言利說)로 회유(懷柔)하면서 재주로 인생을 살아가려는 사람이 너무 많다. 그러나 언젠가는 신뢰를 받지 못하여 사람 위에 설 수 없게 된다.

둘째, 말 많음을 삼가라. 말은 없는 편이 낫다. 말없이 성의를 보이는 것이 오히려 신뢰를 하게 된다. 말보다는 태도로 나타내 보여야 한다.

셋째, 알은체하지 말라. 아무리 많이 알고 있더라도 너무 알은체하기보다는 잠자코 있는 것이 낫다. 지혜 있는 자는 지식이 있더라도 이를 남에게 나타내려 하지 않는 법이다.

넷째, 돈에 너무 집착하지 말라. 돈은 인생의 윤활유로서는 필요한 것이 맞다. 그러나 돈에 집착하여 돈의 노예가 되는 것은 안타까운 노릇이다.

다섯째, 다투지 말라. 남과 다툰다는 것은 손해이다. 어떠한 일에도 유연(柔軟)하게 대처해야 한다. 자기주장을 밀고 나가려는 사람은 이익보다 손해를 많이 보는데 그 이유는 다투어서 적을 만들기 때문이다.

　아무리 머리가 좋고 재능이 있어도 인간관계가 좋지 않아서 실패하는 사람이 많다. 좋은 인간관계는 인생의 윤활유이자 처세의 기본이기도 하다.

메모:

제 8 과 옳고 그름의 기준

◆ **오늘의 명언**

要树立正确的世界观、人生观、价值观，掌握了这把总钥匙，再来看看社会万象、人生历程，一切是非、正误、主次，一切真假、善恶、美丑，自然就洞若观火、清澈明了，自然就能作出正确判断、作出正确选择。

정확한 가치관, 인생관, 세계관을 수립하면 옳은 것과 그릇된 것, 정확한 것과 잘못된 것, 주요한 것과 부차적인 것, 진실한 것과 허위적인 것, 선한 것과 악한 것, 아름다운 것과 추악한 것을 포함한 모든 사회 현상과 인생을 깊이 통찰할 수 있어 정확한 판단을 내리고 올바른 선택을 할수 있다.

제9과 어울림을 즐기는 한국 식문화

 [읽어 두기]

요점 정리: 이 글은 어울림을 즐기는 한국 식문화를 소개하면서 이문화(異文化)에 대한 포용적인 자세를 권장하고 있다.

본문 특징: ① 이 수필에서 작가는 생활 속의 이야기를 바탕으로 자기의 주장을 객관적이고 흥미진진하게 펼치고 있다.

② 대조적 수법으로 글의 주제를 두드러지게 하고 있다.

지식 정보: ① 문화(文化): 사회 구성원에 의하여 습득, 공유, 전달되는 행동 양식이나 생활 양식의 과정 및 그 과정에서 이룩하여 낸 물질적·정신적 소득을 통틀어 이르는 말이다. 의식주(衣食住)를 비롯하여 언어, 풍습, 종교, 학문, 예술, 제도 따위를 모두 포함한다.

② 김치: 김치는 '채소를 소금물에 담그다'는 뜻으로 처음에는 채소를 소금에 절여 먹는 것을 말했다. 김치는 매우 오래된 역사를 가지고 있으며, 이는 중국이나

일본도 마찬가지이다. 현재 한국 사람들이 즐겨 먹는 고춧가루로 버무린 빨간 배추김치는 배추와 고추가 한반도에 들어온 18세기 이후부터 만들어 먹은 음식으로, 그 역사는 그리 오래되지 않았으나 지금은 한국의 대표적인 음식으로 자리매김하였다.

[본문]

미국에서는 음식을 가리는 사람들이 많아서 3명 이상이면 다 같은 음식을 먹는 것이 힘들다. 하지만 한국 사람들은 음식을 가리는 사람이 적은 데다가, 자기가 싫어하거나 못 먹는 음식이 있어도 단체로 나가서 같이 먹을 때에는 그냥 따라 가서 먹는 경우가 많다.

미국 사람들에게 전 국민이 거의 다 좋아하는 음식이 있다고 한다면 미국 사람들은 그 개념을 상상하기도 어려울 것이다. 하지만 한국 사람들은 거의 모두가 밥과 김치를 좋아한다. 식당에 가보면 식당 앞에 '○○전문'이란 말이 쓰여 있는가 하면 메뉴판에도 몇 가지 요리만 적혀 있다. 그것도 다 비슷한 요리일 때가 많다. 미국 사람들은 홀로 식당에 가서 급급히

> 여럿이 음식을 먹을 때 미국 사람과 한국 사람은 어떻게 다릅니까?

> 한국 사람들은 대부분 어떤 음식을 좋아합니까?

제9과 어울림을 즐기는 한국 식문화

음식을 먹고 자리를 뜨지만 한국 사람들은 모여서 이야기를 나누며 음식을 먹기 좋아한다. 이럴 경우 음식은 자리를 마련한 사람이 사전에 통일적으로 주문하고 초대받은 사람은 식탁 위에 오른 음식을 그대로 먹는 것이 통례이다. 물론 극히 개별적인 경우에 초대받은 사람이 거부권을 행사할 때도 있으나 이런 특수화는 한 상에 둘러앉은 사람들이 용인하는 전제 하에서만 가능한 일이다.

이런 식문화는 서양의 개인주의 문화와 동양의 집단주의 문화에서 비롯된 것으로 우열의 문제가 아니라 차이의 문제이다. 중요한 것은 서로 알고 서로 이해하고 서로 존중해 주는 것이다.

(출처: 경향신문 2006년 12월, 스티븐 리비어)

> 단체로 함께 식사를 할 때 한국 사람들은 어떻게 합니까?

> '이런 특수화'는 무엇을 가리킵니까?

> 서양과 동양의 식문화의 차이는 어디에서 비롯되었습니까? 이런 차이에 대한 올바른 태도는 무엇입니까?

메모:

[새 단어]

가리다	(他动)	挑食，偏食
그냥	(副)	就那么，无条件地
전문(專門)	(名)	主菜单，专门
적히다	(被动)	(被)记，记录，记载
홀로	(副)	独自，单独
급급(急急)히	(副)	急急忙忙地，匆忙地
뜨다	(他动)	离开
마련하다	(他动)	安排，置办，准备
극(極)히	(副)	极，极其
통례(通例)	(名)	惯例，常规
초대(招待)받다	(自动)	受邀，被邀请
행사(行使)하다	(他动)	行使
특수화(特殊化)	(名)	特殊化
둘러앉다	(自动)	围坐，围着……坐
거부권(拒否權)	(名)	拒绝权，否决权
용인(容認)하다	(他动)	容忍，允许
우열(優劣)	(名)	优劣，好坏

제 9 과   어울림을 즐기는 한국 식문화

 **[문법 설명]**

1. -ㄴ/은/는 데다가: 관용구

용언의 어간에 붙어, 선행절의 내용에 후행절의 사실까지 더해짐을 나타낸다. 이때 선행절과 후행절의 내용은 같은 성질이어야 하고, 주어가 같아야 한다.

동사의 경우 과거 상황에 대해 말할 때는 '-ㄴ/은 데다가'로 쓴다.

예문:

1) 한국 사람들은 음식을 가리는 사람이 적은 데다가, 자기가 싫어하거나 못 먹는 음식이 있어도 단체로 나가서 같이 먹을 때에는 그냥 따라 가서 먹는 경우가 많다.
2) 중국은 땅이 넓은 데다가 인구도 많다.
3) 산산 씨는 공부를 잘 하는 데다가 춤도 잘 춘다.
4) 어제 많이 걸은 데다가 잠도 못 자서 많이 피곤해요.

2. -나/으나 :연결어미

용언의 어간에 붙어, 선행절과 후행절의 내용이 서로 반대되는 내용임을 나타낸다.

예문:

1) 물론 극히 개별적인 경우에 초대받은 사람이 거부권을 행사할 때도 있으나 이런 특수화는 한 상에 둘러앉은 사람들이 용인하는 전제 하에서만 가능한 일이다.

2) 졸업은 했으나 아직 취직은 못했다.

3) 백화점의 물건은 품질은 좋으나 가격이 비싸다.

3. -아/어/여도: 연결어미

용언의 어간에 붙어, 앞선 행위나 상태와 관계없이 꼭 뒤의 일이 있음을 나타낸다. 다시 말하여 가정이나 양보의 뜻을 나타낸다.

예문:

1) 자기가 싫어하거나 못 먹는 음식이 있어도 단체로 나가서 같이 먹을 때에는 그냥 따라 가서 먹는 경우가 많다.

2) 어떤 일이 있어도 내일까지는 리포트를 완성할 것이다.

3) 쉬운 방법만 찾으려 하지 말고 귀찮고 힘들어도 직접 해 보려 하는 습관은 여러분을 성장하게 할 것이다.

[연습 문제]

1. 본문의 내용에 근거하여 다음 물음에 답하십시오.

1) 김치에 관한 설명으로 알맞은 것을 모두 고르십시오.

(   )

① 김치는 한국 사람들이 모두 좋아하는 음식이다.

② 김치는 한민족의 대표음식이다.

③ 12세기에 외국으로부터 전해진 것이다.

④ 18세기에 고추가 한국에 유입되면서 지금의 빨간 김치가 생겨났다.

제 9 과 어울림을 즐기는 한국 식문화

2) 본문의 내용과 일치하지 않는 것을 고르십시오.

(   )

① 한국 사람들은 전 국민이 좋아하는 음식이 있다.

② 한국 사람들은 모두 밥과 김치를 좋아한다.

③ 미국의 식문화는 동양의 집단주의 문화에서 비롯된 것이다.

④ 한국 사람들은 모여서 이야기를 나누며 식사하기를 좋아한다.

2. 다음 말들을 중국어로 번역하십시오.

① 올바른 몸가짐

② 주제를 두드러지게 하다

③ 정신적 소득

④ 음식을 가리다

⑤ 자리를 뜨다

⑥ 자리를 마련하다

① _____
② _____
③ _____
④ _____
⑤ _____
⑥ _____

3. 다음 물음에 답하십시오.

※ 밑줄 친 단어와 바꾸어 쓸 수 있는 가장 알맞은 것을 고르십시오.

1) 미국에서는 <u>음식을 가리는</u> 사람들이 많아서 3명 이상이면 다 같은 음식을 먹는 것이 힘들다.

                (   )

 ① 고르다   ② 편식하다
 ③ 싫어하다   ④ 가려내다

2) 하지만 한국사람들은 <u>거의</u> 밥과 김치를 좋아한다.

                (   )

 ① 모두   ② 전체
 ③ 일부분   ④ 대부분

3) 메뉴판에도 몇 가지 요리만 적혀 있고 그것도 다 <u>비슷한</u> 요리일 때가 많다.

                (   )

 ① 다르다   ② 동일하다
 ③ 똑같다   ④ 유사하다

4) 이런 특수화는 한 상에 둘러앉은 사람들이 <u>용인하는</u> 전제 하에서만 가능한 일이다.

                (   )

 ① 용서하다   ② 용납하다
 ③ 인정하다   ④ 묵인하다

제 9 과   어울림을 즐기는 한국 식문화

※ **밑줄 친 단어의 반대말로 알맞은 것을 고르십시오.**

5) 미국 사람들은 <u>홀로</u> 식당에 가서 급급히 음식을 먹고 자리를 뜬다.

(   )

① 단체　　　　② 따로
③ 함께　　　　④ 혼자

※ **밑줄 친 단어의 뜻과 같은 뜻으로 사용된 것을 고르십시오.**

6) 미국 사람들은 홀로 식당에 가서 급급히 음식을 먹고 자리를 <u>뜨지만</u> 한국 사람들은 모여서 이야기를 나누며 음식을 먹기 좋아한다.

(   )

① 고향을 뜨다　　② 눈을 뜨다
③ 물에 뜨다　　　④ 해가 뜨다

4. 함께 이야기해 봅시다.

1) 여러분이 알고 있는 동서양의 문화 차이에 대해 이야기해 봅시다.
2) 중국과 한국의 음식 문화를 비교해 봅시다.

5. 다음 글을 읽고 알맞은 제목을 붙인 후, 감상을 이야기해 봅시다.

제목: _____

오래 전 어느 군부대에서 저녁 식사 때 일입니다. 그날은 특식으로 돈가스가 나오는 날이었습니다. 병사들은 설레는 마음으로 식당에서 줄을 서서 기다리는데 앞에서부터 웅성거리는 소리가 났습니다. 알고 보니 돈가스를 1인당 1개가 아닌 2개를 나누어 준다는 소식에 병사들은 매우 좋아했습니다.

그러나 일순간에 병사들의 표정이 어두워졌습니다. 돈가스가 2개인 대신 소스가 없다는 이야기였습니다. 부식 담당 병사가 실수로 돈가스만 두 상자를 가져온 것이었습니다.

여기저기 병사들의 불평이 들렸습니다.

"소스도 없이 맛도 없게 돈가스만 2개 먹으란 말이야?"

그때 한 선임병이 말했습니다.

"다들 그만 불평하자. 분명히 어떤 부대에서는 지금쯤 돈가스 없이 소스만 2인분 먹고 있을 거야."

우리는 뜻하지 않았던 뜻밖의 일들이 생기는 상황에서 전혀 다른 감정의 선택을 할 수 있습니다. 불평을 선택하면 작은 불평이 극대화되어 더 큰 불행을 자초할 수도 있게 되지만, 감사를 선택하면 어떠한 상황 속에서도 웃을 수 있는 여유가 생깁니다. 무슨 일이든 불평할 만한 상황이 온다면, '감사'함으로 생각을 전환해 보세요. 감사는 분명 우리에게 설렘을 줄 것이며 삶을 달라지게 할 것입니다.

제 9 과 어울림을 즐기는 한국 식문화

◆ **오늘의 명언**

只有民族的才是世界的，只有引领时代才能走向世界。

민족적인 것이 곧 세계적인 것이며 시대를 선도해야만 세계를 향해 나아갈 수 있다.

제10과 열녀 춘향

 **[읽어 두기]**

요점 정리: 이 글은 양반인 이몽룡과 기생의 딸인 춘향의, 신분을 초월한 사랑 이야기를 통하여 봉건사회의 잔혹한 신분 제도를 고발하고 있다.

본문 특징: ① 이 글은 한국의 대표적인 고전소설 『춘향전』의 결말 부분에서 발췌한 것이다.

② 해학적이고 풍자적이며 조선 후기의 평민 의식을 담고 있다.

지식 정보: ① 춘향전(春香傳): 기생의 딸 춘향이 남원 부사의 아들 이몽룡과 백년가약을 맺었으나, 의외의 이별을 한 뒤 신임 사또의 수청을 거절하여 옥에 갇히게 되지만 암행어사가 된 이몽룡을 다시 만나 행복하게 잘 살았다는 이야기이다.

② 조선 시대의 신분제도: 조선 시대에는 사람의 신분을 크게 지배 신분 계층인 '양반', 세습적인 기술직이나 사무직에 종사하는 '중인'(中人), 그리고 보통 백성인 '상민', 노비처럼 개인이나 국가에 소속되어 일하는 '천민' 등 네 개의 등급으로 나누었다.

③ 암행어사(暗行御史): 조선 시대, 임금의 특명을 받아 지방 정치의 잘잘못과 백성의 사정을 비밀리에 살펴서 부정 관리를 징계하던 임시 관리를 말한다. 어사(御史) 또는 어사또(御史道)라고도 한다. 군현(郡縣)의 지방 관리인 사또와는 구분된다.

[본문]

춘향이와 백년가약을 맺은 이몽룡은 암행어사가 되어 남원 지방에 내려왔다. 이몽룡은 탐관오리 변학도 무리들을 처단한 뒤, 춘향이가 갇혀 있는 옥에 와서 형리를 불러 분부했다.

"너의 고을 옥에 갇힌 죄수들을 전부 다 올리거라."

옥 형리가 죄인들을 옥에서 풀어 올리니 이몽룡은 한 사람 한 사람 그 죄상을 물어 다시 옥에 가둘 자들은 가두고 풀어 줄 자들은 집으로 돌려 보냈다.

마지막으로 춘향이 옥에서 나와 동헌 마당으로 비틀비틀 걸어 들어와서 이몽룡에게 절을 한 다음 그 자리에 기절하듯 쓰러졌다.

"저 계집은 이름이 뭐고 무슨 죄로 갇혔느냐?"

암행어사가 된 이몽룡은 남원에 내려와서 어떤 일을 했습니까?

제 10 과 열녀 춘향

형리가 허리를 굽히며 떨리는 목소리로 여쭈었다.

"저 계집은 기생의 딸 춘향입니다. 사또님의 몸 가까이에서 시중을 들라는 분부로 불렀더니, 수절이니 정절이니 하면서 관청 마당에서 발악을 했습니다."

"관장의 분부를 거역하고 관청 마당에서 발악을 했으니, 너는 죽어도 마땅하다. 그래 너의 마지막 소원이 무엇이냐?"

춘향이 정신을 차리고 대답했다.

"억울하게 죽는 몸이 무슨 소원이 있겠습니까, 죽기 전에 거렁뱅이 저의 낭군을 한 번 더 만나 보면 소원이 없겠습니다."

춘향은 말을 마치며 땅 위에 다시 쓰러져 흐느꼈다.

"춘향은 얼굴을 들어 나를 보라!"

춘향이 고개를 들어 대상을 살펴보니 거렁뱅이 행색으로 간밤에 오셨던 서방님이 어사또로 뚜렷이 앉아 있지 않는가.

"아이고, 서방님! 서방님!"

이몽룡은 춘향의 손을 잡아 일으켜 함께 대상으로 오르니 이보다 더 기쁜 일이 있을 수 없었다.

> 춘향은 왜 옥에 갇혔습니까?
>
> 춘향이의 마지막 소원은 무엇입니까?
>
> 이 이야기의 결말을 상상해서 말해 봅시다.

[새 단어]

백년가약(百年佳約)	(名)	百年之好，百年之约
암행어사(暗行御史)	(名)	微服私访的御史，暗行御史
탐관오리(貪官污吏)	(名)	贪官污吏
처단(處斷)하다	(他动)	惩处，处决
형리(刑吏)	(名)	刑吏
분부(吩咐)하다	(他动)	吩咐，嘱咐，命令
올리다	(他动)	敬献，提交，呈递
풀다	(他动)	释放，解开
동헌(東軒)	(名)	正堂，东轩（封建社会的地方官府）
비틀비틀	(副)	踉踉跄跄地，摇摇晃晃地
기절(氣絶)하다	(自动)	昏过去，晕倒
쓰러지다	(自动)	倒下；病倒
여쭈다	(他动)	禀告，告诉
계집	(名)	（卑称）丫头，女人
기생(妓生)	(名)	妓女，艺妓
시중	(名)	侍候，服侍
수절(守節)	(名)	守寡，守节
정절(貞節)	(名)	贞节，名节
발악(發惡)	(名)	拼命挣扎
거역(拒逆)하다	(他动)	违抗，违逆

어찌	(副)	怎么，哪能
정신을 차리다	(慣)	打起精神；清醒过来，恢复意识
거렁뱅이	(名)	乞丐，叫花子
낭군(郞君)	(名)	郎君，夫君
행색(行色)	(名)	衣着，长相，装束
간밤	(名)	昨晚，昨夜
뚜렷이	(副)	清楚地，明显地
대상(臺上)	(名)	台上

 [문법 설명]

1. -냐/느냐/으냐: 종결어미

　용언의 어간에 붙어, 의문을 나타낸다. 주로 구어체에 쓰이는데 아랫 사람이나 가까운 친구 사이에서 반말로 물어보는 뜻을 나타내며 예스러운 느낌을 준다.

예문:

1) 저 계집은 이름이 뭐고 무슨 죄로 갇혔느냐?

2) 잘 지내고 있느냐? 요즘도 바쁘냐?

3) 무엇 때문에 이렇게 좋으냐? 이야기해 보거라.

2. -라는/으라는: 관용구

　동사에 붙어, 뒤에 오는 말을 수식한다. '-라는/으라는'은 '-라고 하는/으라고 하는'의 줄어든 표현으로, 다른 사람에게서 들은 명령의 내용을 강조하여 전달함을 나타낸다.

예문:

1) "저 계집은 기생의 딸 춘향입니다. 사또님의 몸 가까이에서 시중을 들라는 분부로 불렀더니, 수절이니 정절이니 하면서 관청 마당에서 발악을 했습니다."
2) 내일까지 소설책을 다 읽으라는 말 못 들었어?
3) 다음 역에서 갈아타라는 안내 방송이 나왔어요.

3. -(이)니 -(이)니: 관용구

　체언에 붙어, 주로 '-(이)니 -(이)니'의 구성으로 쓰여 두 가지 이상의 사물을 같은 자격으로 이어주는 '나열, 병렬, 열거'의 뜻을 나타낸다.

예문:

1) "저 계집은 기생의 딸 춘향입니다. 사또님의 몸 가까이에서 시중을 들라는 분부로 불렀더니, 수절이니 정절이니 하면서 관청 마당에서 발악을 했습니다."
2) 가방 안에는 휴대전화니 지갑이니 볼펜이니 온갖 것들이 가득했다.
3) 어제 친구 생일 파티에 가서 떡이니 과일이니 잔뜩 먹었어요.

제 10 과 열녀 춘향

 [연습 문제]

1. 본문의 내용에 근거하여 다음 물음에 답하십시오.

1) 조선 시대의 신분 제도에 대한 서술로 알맞은 것을 모두 고르십시오.

(   )

① 지배 계층인 양반

② 세습적인 기술직이나 사무직에 종사하는 중인

③ 보통 백성인 천민

④ 노비처럼 개인이나 국가에 소속되어 일하는 상민

2) 본문의 내용과 일치하지 않는 것을 고르십시오.

(   )

① 이몽룡은 간밤에 거렁뱅이 행색으로 춘향을 만났다.

② 춘향은 차라리 빨리 죽는 게 낫다고 생각했다.

③ 이몽룡과 춘향이는 백년가약을 맺은 사이이다.

④ 춘향의 신분은 기생의 딸이다.

2. 서로 알맞은 말들을 연결하고 중국어로 번역하십시오.

① 신분을 • • 들다

② 의식을 • • 거역하다

③ 백년가약을 • • 차리다

④ 시중을 • • 초월하다

⑤ 발악을 • • 반영하다

⑥ 분부를 • • 맺다

⑦ 정신을 • • 하다

① _____
② _____
③ _____
④ _____
⑤ _____
⑥ _____
⑦ _____

제 10 과 열녀 춘향

3. 다음 물음에 답하십시오.

   ※ **밑줄 친 단어와 바꾸어 쓸 수 있는 가장 알맞은 것을 고르십시오.**

   1) 마지막으로 춘향이 옥에서 나와 동헌 마당으로 <u>비틀비틀</u> 걸어 들어왔다.

   (   )

   ① 어정어정   ② 비칠비칠
   ③ 성큼성큼   ④ 아장아장

   2) 형리가 허리를 굽히며 떨리는 목소리로 <u>여쭈었다</u>.

   (   )

   ① 물었다   ② 아뢰었다
   ③ 울었다   ④ 웃었다

   3) 거렁뱅이 행색으로 <u>간밤</u>에 오셨던 서방님이 어사또로 뚜렷이 앉아있지 않는가.

   (   )

   ① 오늘밤   ② 내일 밤
   ③ 지난밤   ④ 모레 밤

   4) "그래 너의 마지막 <u>소원</u>이 무엇이냐?"

   (   )

   ① 소망   ② 야망
   ③ 꿈   ④ 목적

117

※ **밑줄 친 단어의 반대말로 알맞은 것을 고르십시오.**

5) "관장의 분부를 거역하고 관청 마당에서 발악을 했습니다."

(   )

① 어기다　　　　　　② 엇나가다

③ 복종하다　　　　　④ 거스르다

※ **밑줄 친 단어의 뜻과 같은 뜻으로 사용된 것을 고르십시오.**

6) "춘향은 얼굴을 들어 나를 보라!"

(   )

① 아침진지를 들다　　② 머리를 들다

③ 실례를 들다　　　　④ 꽃을 들다

4. 함께 이야기해 봅시다.

1) 『춘향전』의 전체 줄거리를 찾아 소개해 봅시다.

2) 춘향은 한국에서 '진선미'(眞善美)를 대표하는 인물입니다. 여러분들이 생각하는 '진선미'의 기준은 무엇인지 구체적인 예를 들어 이야기해 봅시다.

5. 다음 글을 읽고 글에 알맞은 제목을 붙인 후, 감상을 발표해 봅시다.

제목: _____

조선 숙종 때 암행어사가 된 이관명이 영남지방을 시찰한 뒤 돌아왔습니다. 숙종이 여러 고을의 민폐(民弊)가 없는지 묻자 곧은 성품을 지닌 이관명은 사실대로 대답했습니다.

"한 가지만 아뢰겠습니다. 통영에 소속된 섬 하나가 있는데, 무슨 일인지 대궐의 한 후궁의 소유로 되어 있었습니다. 그런데 그 섬 관리의 수탈(收奪)이 어찌나 심한지 백성들의 궁핍을 차마 눈으로 볼 수가 없을 지경이었습니다."

숙종은 화를 벌컥 내면서 책상을 내리쳤습니다.

"과인이 조그만 섬 하나를 후궁에게 준 것이 그렇게도 불찰이란 말인가!"

갑자기 궐내의 분위기가 싸늘해졌습니다. 그러나 이관명은 조금도 굽히지 않고 다시 아뢰었습니다.

"신은 어사로서 어명을 받들고 밖으로 나가 1년 동안 있었습니다. 그런데 전하의 지나친 행동이 이 지경에 이르렀는데 누구 하나 전하의 거친 행동을 막지 않은 모양입니다. 그러니 저를 비롯하여 이제껏 전하에게 직언하지 못한 대신들도 아울러 법으로 다스려 주십시오."

숙종은 여러 신하 앞에서 창피를 당하자 화가 치밀어 올랐습니다. 신하들은 이관명에게 큰 벌이 내려질 것으로 알고 숨을 죽였습니다.

깊은 사색에 잠겼던 숙종은 잠시 후 이관명에게 말했습니다.

"경의 간언(諫言)으로 이제 과인의 잘못을 깨달았소. 앞으로도 그와 같은 신념으로 짐의 잘못을 바로잡아 나라를 태평하게 하시오."

권력 앞에서 그릇된 것을 그릇되다 말하는 용기도 훌륭하지만 충직한 신하를 알아보는 숙종 임금의 안목도 훌륭합니다.

메모:

제 10 과　열녀 춘향

◆ **오늘의 명언**

要认真汲取中华优秀传统文化的思想精华和道德精髓，大力弘扬以爱国主义为核心的民族精神和以改革创新为核心的时代精神。

중화민족의 우수한 전통문화 가운데서 사상적, 도덕적인 진수(眞髓)를 받아들여 애국주의를 핵심으로 하는 민족정신과 개혁과 혁신을 핵심으로 하는 시대적 정신을 고양하는 데 큰 힘을 기울여야 한다.

제11과 아름다운 이별

 **[읽어 두기]**

요점 정리: 이 글에서 작가는 할머니의 임종을 앞둔 가족의 이야기를 통하여 가족애를 감명 깊게 표현하였다.

본문 특징: ① 이 글은 가족의 일화를 통해 큰 감동을 주는 이야기성 수필이다.

② 글의 짜임새가 단단하고 서술이 깔끔하다.

지식 정보: ① 장롱(欌籠): 옷 따위를 넣어 두는 한민족의 전통 가구로 장과 농을 이르는 말이다. 장(欌)은 층별로 분리되고 농(籠)은 옆으로 분리되어 그 형식이 다르다. 그러나 근대 이후 수납 가구가 장을 중심으로 발전하면서 장·농의 명칭도 엄격한 구분이 사라졌다.

② 마루: 집채 안에 바닥과 사이를 띄우고 깐 널빤지 또는 그 널빤지를 깔아 놓은 곳을 지칭한다. 마루와 온돌의 복합 구조는 한옥의 특징 중 하나이다. 마루는 위치에 따라 다락마루, 대청마루, 누마루, 툇마루, 쪽마루 등으로 분류된다.

 [본문]

아주 추운 겨울이었다. 몇 달 동안 병원 생활을 하고 집으로 돌아온 할머니는 거동하기가 힘들었다.

"내가 아무래도 이번 겨울을 넘기지 못할 거 같구나."

할머니가 겨울을 넘기지 못할 거라는 의사의 말을 아무도 전한 적이 없었지만 할머니는 자신이 떠나갈 시간을 알고 있었다.

그 해 겨울은 유난히 눈이 많이 내렸다. 할머니는 내리는 눈을 바라보며 눈물을 흘리기도 했다. 가끔씩 의식을 잃은 적은 있었지만, 할머니는 기어코 그 해 겨울을 이겨냈다. 그리고 6월의 어느 화창한 날, 할머니는 세상에서 가장 긴 여행을 떠나고 말았다.

할머니의 장례식을 마치고 나서 엄마는 가족들의 겨울 옷을 장롱 속에 넣고 있었다.

"엄마, 우리가 이런 거, 할머니가 정말 몰랐을까?"

"모르셨을 거야. 몇 달을 마루에도 한 번 못 나오시고 누워만 계셨던 분이 뭘 아셨겠어?

할머니의 병세는 어떻습니까?

할머니는 언제 세상을 떠났습니까?

할머니는 가족들이 하는 행동을 정말 몰랐을까요?

제 11 과 아름다운 이별

나중엔 엄마 얼굴도 잘 못 알아보셨는데……"

우리 가족은 6월의 초여름에도 할머니 방에 들어갈 때면 늘 겨울 옷을 입었다. 나는 할머니 손을 잡기 전에 차가운 얼음을 만져서 아직도 겨울이어서 손이 차갑다는 것을 느끼게 해드렸다. 그 해 겨울을 넘기지 못할 거라던 할머니에게 우리는 그렇게 해서라도 봄이 오는 것을 막아 드리고 싶었다. 그렇게 해서 우리 가족은 그토록 소중한 4개월을 할머니와 함께 보낼 수 있었다.

시간은 모든 것을 데려가 버린다. 하지만 할머니에 대한 가족들의 사랑은 할머니가 계신 멀고 먼 하늘나라까지 강물이 되어 언제까지나 소리 없이 흐를 것이다.

(출처: 이철환의 수필 「아름다운 이별」 中 발췌)

> 가족들은 왜 여름에도 겨울 옷을 입었습니까?

메모:

125

[새 단어]

거동(擧動)하다	(自动)	行动，活动
힘들다	(形)	吃力，费劲，累
아무래도	(副)	不管怎么样，反正，无论如何
넘기다	(使动)	度过，使越过；逾期
유난히	(副)	特别地，格外地
가끔씩	(副)	偶尔，时而
기어코	(副)	终究还是；定要，非要
이겨내다	(他动)	战胜，克服
화창(和暢)하다	(形)	风和日丽，和煦
마루	(名)	地板，廊檐；客厅
나중(에)	(名)	最后；下次
느끼다	(他动)	感受，感到，觉得
막다	(他动)	挡住，阻挡
그토록	(副)	那样，那么，那个程度
데려가다	(他动)	带走，带去，领走
언제까지나	(副)	永远，一直，依然

제 11 과   아름다운 이별

 **[문법 설명]**

1. -ㄴ/은 적이 있다/없다: 관용구

동사의 뒤에 붙어, 어떠한 일을 한 경험이 있다는 의미를 나타낸다.

예문:

1) 할머니가 겨울을 넘기지 못할 거라는 의사의 말을 아무도 전한 적이 없었지만 할머니는 자신이 떠나갈 시간을 알고 있었다.
2) 저는 외국인에게 한국어를 가르친 적이 있는데 너무 어려웠어요.
3) 산산 씨, 방학에 아르바이트를 한 적이 있어요?

2. -아/어/여 내다: 관용구

동사의 어간에 붙어, 어떤 일이 끝내 이루어짐을 나타낸다. 이때 이 일은 쉽지 않은 과정을 통해 이루어진 것이다.

예문:

1) 가끔씩 의식을 잃은 적은 있었지만, 할머니는 기어코 그 해 겨울을 이겨 냈다.
2) 나는 좋은 대학에 들어가기 위해 3년이라는 힘든 시간을 끝까지 참아 냈다.
3) 열등감은 극복해 낼 수 있는 것이니까 우리 함께 힘내요.

3. -고: 연결어미

일부 형용사 어간에 붙어, '-고 -ㄴ/은' 구성으로 쓰여 그 상태나 성질 등을 강조함을 나타낸다.

예문:

1) 할머니에 대한 가족들의 사랑은 할머니가 계신 멀고 먼 하늘 나라까지 강물이 되어 언제까지나 소리 없이 흐를 것이다.
2) 우리 할아버지와 할머니는 60년이라는 길고 긴 세월을 오직 서로를 사랑하며 사셨다.
3) 다 자란 제비는 둥지를 떠나 높고 높은 하늘로 날아갔다.
4) 졸업생 여러분, 이제 넓고 넓은 세상에 나가 경험을 쌓고 마음껏 꿈을 펼쳐 보세요.

 [연습 문제]

1. 본문의 내용에 근거하여 다음 물음에 답하십시오.

1) 마루에 관한 다음의 서술에서 알맞은 것을 모두 고르십시오.

                (   )

 ① 마루는 한민족의 가구이다.
 ② 마루는 집채 안의 바닥과 사이를 띄우고 깐 널빤지이다.
 ③ 마루와 온돌의 복합구조는 한옥의 특징 중 하나이다.
 ④ 마루는 위치에 따라 다락마루, 대청마루, 누마루, 툇마루, 쪽마루 등으로 분류된다.

제 11 과 아름다운 이별

2) 본문의 내용과 일치하지 않는 것을 고르십시오.

(   )

① 할머니는 겨울을 넘기고 세상을 떠났다.

② 우리 가족은 여름에도 겨울 옷을 입었다.

③ 할머니는 후에 어머니만 알아보셨다.

④ 할머니와 우리 가족은 소중한 4개월을 함께 보냈다.

2. 서로 알맞은 말을 연결하고 중국어로 번역하십시오.

① 임종을   •   • 힘들다

② 기적을   •   • 잃다

③ 거동하기가 •   • 넘기다

④ 겨울을   •   • 잡다

⑤ 말을   •   • 떠나다

⑥ 의식을   •   • 앞두다

⑦ 세상을   •   • 창조하다

⑧ 손을   •   • 전하다

① _____

② _____

③ _____

④ _____

⑤ _____

⑥ _____

⑦ _____

⑧ _____

3. 다음 물음에 답하십시오.

※ 밑줄 친 단어와 바꾸어 쓸 수 있는 가장 알맞은 것을 고르십시오.

1) 집채 안에 바닥과 사이를 띄우고 깐 널빤지.

(   )

① 널쪽　　　　　　　② 널판
③ 널쪼각　　　　　　④ 널거죽

2) "내가 아무래도 이번 겨울을 넘기지 못할 거 같구나."

(   )

① 아무렇게나　　　　② 마침내
③ 아무리 봐도　　　　④ 절대로

3) 할머니는 기어코 그 해 겨울을 이겨냈다.

(   )

① 반드시　　　　　　② 꼭
③ 기필코　　　　　　④ 기어이

4) 그렇게 해서 우리 가족은 그토록 소중한 4개월을 할머니와 함께 보낼 수 있었다.

(   )

① 값지다　　　　　　② 긴하다
③ 귀중하다　　　　　④ 희귀하다

※ **밑줄 친 단어의 반대말로 알맞은 것을 고르십시오.**

5) 그리고 6월의 어느 <u>화창한</u> 날, 할머니는 세상에서 가장 긴 여행을 떠나고 말았다.

( )

① 맑다　　　　　　　　② 어둡다
③ 청명하다　　　　　　④ 음산하다

※ **밑줄 친 단어의 뜻과 같은 뜻으로 사용된 것을 고르십시오.**

6) "내가 아무래도 이번 겨울을 <u>넘기지</u> 못할 거 같구나"

( )

① 한여름을 넘기다　　② 공을 넘기다
③ 권리를 넘기다　　　④ 책장을 넘기다

4. 함께 이야기해 봅시다.

1) 아프신 할머니를 위해 가족들은 최선을 다했습니다. 여러분은 가족이나 친구를 위해 어떤 노력을 하였는지 같이 이야기해 봅시다.

2) '선의의 거짓말'에 대해 여러분은 어떻게 생각하십니까?

5. 다음 글을 읽고 글에 알맞은 제목을 붙인 후, 감상을 발표해 봅시다.

제목: _____

위암 진단을 받고 힘들게 항암 치료를 견디고 계신 저희 어머니 삶의 희망 중의 하나는 7살 된 손녀, 제 딸입니다. 그 손녀의 생일날 어머니는 힘든 몸을 이끌고 손녀가 좋아하는 피자 만들기에 처음으로 도전하였습니다.

더구나 옆에서 돕겠다는 며느리의 손도 물리치고 처음부터 끝까지 본인께서 하겠다고 고집을 피우셨습니다. 딸의 생일 파티로 함께 저녁 식사를 하자고 약속했는데, 하필 그날 회사 일로 퇴근이 늦어졌습니다. 허겁지겁 집으로 돌아왔지만 이미 저녁 식사는 끝나가고 있었습니다.

왜 좀 더 기다리지 않았냐고 투덜거리며 어머니가 만든 마지막 피자 한 조각을 재빨리 집어 들었습니다. 순간 딸과 아내가 나를 말리려고 했지만 이미 피자는 제 입으로 들어간 후였습니다.

그런데 그 피자 맛이 이상했습니다. 내 표정이 변하는 것을 보고 딸과 아내가 손가락을 입으로 가져가 조용히 하라는 사인을 보냈습니다. 그때 주방에서 화채를 들고나온 어머니가 말했습니다.

"우리 손녀가 피자를 얼마나 맛있게 먹었는지 몰라. 아범이 조금만 늦었으면 한 쪽도 못 먹었을 걸."

아내와 딸이 조용히 미소 지으며 내 얼굴을 바라보았습니다.

제 11 과   아름다운 이별

◆ **오늘의 명언**

　家庭是社会的细胞。家庭和睦则社会安定，家庭幸福则社会祥和，家庭文明则社会文明。

　가정은 사회의 세포이다. 가정이 화목하면 사회가 안정되고, 가정이 행복하면 사회가 평화롭고, 가정이 문명해야 사회가 문명해진다.

제12과 까치와 한민족의 전통문화

 **[읽어 두기]**

요점 정리: 이 글은 한민족 전통문화에서 까치가 갖는 상징 의미를 다양한 실례를 들어 설명하고 있다.

본문 특징: ① 이 글은 이론성이 강한 설명문이다.
② 역사서에 기재된 내용을 인용함과 동시에 현존하고 있는 풍속을 예로 들어 설명하였다.

지식 정보: ① 석탈해신화(昔脫解神話): 신라 제4대 왕이자 석씨(昔氏) 왕조의 시조(始祖)인 탈해왕의 탄생 신화를 말한다. 탈해왕은 다파나국(多婆那國)에서 태어났다. 다파나국의 왕이 여국(女國)의 왕녀를 아내로 맞았는데, 왕비는 임신한 지 7년 만에 큰 알을 낳았다. 왕이 이를 불길한 일이라 여겨 버리게 하였으나, 왕비는 차마 그러지 못하고 비단에 보물과 함께 알을 싸서 궤에 넣어 바다에 띄웠다. 궤에 실린 탈해는 금관가야(金官伽倻)를 거쳐 계림(鷄林) 동쪽 아진포(阿珍浦)에 이르렀다. 거기에서 한 노파에 의해 발견되어 양육되었다.

② 까마귀: 한민족 전통문화에서 까마귀는 길조인 까치와 달리 비운의 존재인 흉조이다. 까마귀는 처음에는 늙고 병든 부모를 끝까지 돌보며 먹여 살리는 '반포조'(反哺鳥)로 대우 받기도 하였지만 후에는 불운과 재앙, 건망증을 상징하는 새가 되었다.

[본문]

한민족의 전통문화에서 까치는 신화·전설에 많이 등장할 뿐만 아니라 행운과 희망, 기쁨을 상징하는 새이다.

까치는 일찍부터 문헌에 등장하는데 그 중 현재까지 남아 있는 까치에 관한 가장 오래된 기록은 석탈해신화이다. 『삼국사기』와 『삼국유사』에 기록된 석탈해신화에 따르면 아기 석탈해를 담은 궤가 강에서 떠내려올 때 까치 한 마리가 울면서 끝까지 따라왔다고 한다. 이런 까닭으로 까치 '작'(鵲)자에서 새 '조'(鳥)자를 뺀 나머지 '석'(昔)이 탈해의 성(姓)이 되었다고 한다.

또한 까치가 등장하는 민간 전설도 많은데 대표적인 것으로 견우직녀 이야기를 들 수 있다. 이를테면 칠월칠석날 까치는 견우직녀를

한국의 전통문화에서 까치는 어떤 상징적인 의미가 있습니까?

석탈해 성(姓)의 유래를 이야기해 봅시다.

까치는 견우와 직녀를 어떻게 도왔습니까?

제12과 까치와 한민족의 전통문화

안타깝게 여겨 그들의 만남을 돕고자 하늘로 올라가 오작교(烏鵲橋)를 놓는다. 이러한 이야기에 등장하는 까치는 착하고 성실한 사람을 돕는 선행자(善行者)의 모습으로 그려져 있다.

그리고 까치는 주로 낟알과 과일을 먹으며 사람들이 많이 사는 마을 인근의 나무 위에 둥지를 틀고 살았기 때문에 오래 전부터 사람들과 친숙한 관계를 유지해 왔다. 그래서 민가에서는 까치가 사람을 흉내낼 정도로 사람의 마음을 잘 읽는 새로 알려져 있다.

이러한 연유로 예로부터 현재에 이르기까지 까치는 한민족의 사랑을 오랫동안 받아 왔다. 오늘날에도 아침에 까치가 울면 반가운 손님이 찾아오고 특히 새해 첫날 아침에 까치가 울면 1년 내내 좋은 일이 생긴다고 믿는다. 때문에 사람들은 섣달그믐을 '까치설'이라고 이름 붙일 정도로 까치를 좋아했으며, 심지어 까치를 죽이면 죄를 받는다고 생각할 정도로 '길조'로 취급하였다. 이와 같이 까치는 행운, 기쁨, 희망 등 상서로운 이미지로 한민족의 정서에 자리잡고 있다.

> 까치가 사람들에게 친숙하게 느껴지는 이유는 무엇입니까?

> 한국 사람들은 까치가 울면 어떤 일이 생긴다고 생각합니까?

[새 단어]

까치	(名)	喜鹊
삼국사기(三國史記)	(名)	《三国史记》[고려 인종 23년(1145)에 김부식(金富軾)이 왕명에 따라 펴낸 역사책. 신라, 고구려, 백제 세 나라의 역사를 기전체(紀傳體)로 적었다.]
삼국유사(三國遺事)	(名)	《三国遗事》[고려 충렬왕 7년(1281)에 승려 일연(一然)이 쓴 역사책. 단군·대방·부여의 사적(史跡)과 신라, 고구려, 백제의 역사를 기록하고 불교에 관한 기사·신화·전설·시가 따위를 풍부하게 수록하였다.]
궤(櫃)짝	(名)	箱子,柜子,匣子
칠월칠석(七月七夕)	(名)	七夕,乞巧节
견우직녀(牽牛織女)	(名)	牛郎织女
오작교(烏鵲橋)	(名)	鹊桥
낟알	(名)	（带皮）谷粒,原粮颗粒
둥지	(名)	窝,巢
틀다	(他动)	筑,搭
친숙(親熟)하다	(形)	亲密,熟识

제 12 과 까치와 한민족의 전통문화

흉내내다	(他动)	模仿，仿效
연유(緣由)	(名)	缘由，缘故，原因，理由
섣달그믐	(名)	除夕，大年三十
정서(情緒)	(名)	感情，情感，情绪，心情
심지어(甚至於)	(副)	甚至，甚至于
길조(吉鳥)	(名)	吉祥鸟，报喜鸟
취급(取扱)하다	(他动)	当成，视为，看作；处理
흉조(凶鳥)	(名)	不祥之鸟，不吉之鸟
불길(不吉)하다	(形)	不吉，不祥

 [문법 설명]

1. -에 따르면: 관용구

체언의 뒤에 붙어, 어떤 주장이나 설명의 출처를 나타낸다. '-에 따르면' 뒤에는 '-ㄴ/는다고/다고/(이)라고 하다' 등의 인용문이 많이 온다. 비슷한 표현으로 '-에 의하면'이 있다.

예문:

1) 『삼국사기』와 『삼국유사』에 따르면 아기 석탈해가 담긴 궤가 강에서 떠내려올 때 까치 한 마리가 울면서 끝까지 따라왔다고 한다.

2) 중국 역사 기록에 따르면 낙양은 13개 나라의 수도였다고 한다.

3) 전문가의 연구에 따르면 유산균이 대장암을 예방해 준다고 한다.

4) 일기예보에 따르면 다음주부터 장마가 시작된대요.

2. -ㄹ/을 정도로: 관용구

용언의 어간에 붙어, 사물의 성질이나 수량이 앞의 내용과 비슷한 정도나 그에 상당한 수량임을 나타낸다. 비슷한 표현으로 '-을 만큼'이 있다.

예문:

1) 민가에서는 까치가 사람을 흉내낼 정도로 사람의 마음을 잘 읽는 새라고 알려져 있다.
2) 목소리가 안 나올 정도로 목감기가 심해요.
3) 중국에는 산과 강이 셀 수 없을 정도로 많다.
4) 열 사람이 먹고도 남을 정도로 음식을 많이 준비했네요.

3. -기 때문에: 관용구

용언의 어간에 붙어, 원인이나 이유를 나타낸다. 관용구 '-기 때문에'는 명사형 어미 '-기', 어떤 일의 원인이나 까닭을 나타내는 의존명사 '때문', 부사격 조사 '에'가 결합된 표현이다.

예문:

1) 까치는 주로 낟알과 과일을 먹으며 사람들이 많이 사는 마을 인근의 나무 위에 둥지를 틀고 살았기 때문에 오래 전부터 사람들과 친숙한 관계를 유지해 왔다.
2) 행복해서 웃는 것이 아니라 웃기 때문에 행복한 것이랍니다.
3) 디자인이 예쁘기 때문에 많은 사람들이 구매했다.

제 12 과   까치와 한민족의 전통문화

[연습 문제]

1. 본문의 내용에 근거하여 다음 물음에 답하십시오.

1) 까마귀에 관한 설명으로 알맞은 것을 모두 고르십시오.

(   )

① 음침한 울음 소리와 새까만 색깔 때문에 흉조로 여겨진다.
② 처음에는 늙고 병든 부모를 끝까지 돌보며 먹여 살리는 '반포조'로 대우 받았다.
③ 후에는 불운과 재앙, 건망증을 상징하는 새가 되었다.
④ 한민족 전통문화에서 까마귀는 까치와 동등한 존재이다.

2) 본문의 내용과 일치하지 않는 것을 고르십시오.

(   )

① 한민족 전통문화에서 까치는 좋은 소식을 전하는 길조이다.
② 석탈해의 성은 까치와 관련이 있다.
③ 한민족 전통문화에서 까치는 '길조'로 인식된다.
④ 설날 아침에 까마귀가 울면 좋은 일이 생긴다.

141

2. 다음의 말들을 중국어로 번역하십시오.

① 안타깝게 여기다

② 오작교를 놓다

③ 마음을 읽다

④ 이름을 붙이다

⑤ 관계를 유지하다

⑥ 둥지를 틀다

⑦ 바다에 띄우다

① _____
② _____
③ _____
④ _____
⑤ _____
⑥ _____
⑦ _____

제 12 과 까치와 한민족의 전통문화

3. 다음 물음에 답하십시오.

※ 밑줄 친 단어와 바꾸어 쓸 수 있는 가장 알맞은 것을 고르십시오.

1) 한민족의 전통문화에서 까치는 <u>행운</u>과 희망, 기쁨을 상징하는 새이다.

(   )

① 요행　　　　　　　　② 다행
③ 운　　　　　　　　　④ 운명

2) 민가에서는 까치가 사람을 <u>흉내낼</u> 정도로 사람의 마음을 잘 읽는 새라고 알려져 있다.

(   )

① 인용　　　　　　　　② 답습
③ 흉　　　　　　　　　④ 모방

3) <u>현재</u>까지 남아 있는 까치에 관한 가장 오래된 기록은 석탈해신화이다.

(   )

① 방금　　　　　　　　② 지금
③ 아까　　　　　　　　④ 이제

4) 까치는 오래전부터 사람들과 친숙한 관계를 <u>유지해</u> 왔다.

(   )

① 보전하다　　　　　　② 지속하다
③ 견지하다　　　　　　④ 보존하다

※ 밑줄을 친 단어의 반대말로 알맞은 것을 고르십시오.

5) 까치는 오래전부터 사람들과 <u>친숙한</u> 관계를 유지해왔다.

(   )

① 생소하다　　　　　② 낯설다
③ 친밀하다　　　　　④ 낯익다

※ 밑줄을 친 단어의 뜻과 같은 뜻으로 사용된 것을 고르십시오.

6) 민가에서는 까치가 사람을 흉내낼 정도로 사람의 마음을 잘 <u>읽는</u> 새라고 알려져 있다.

(   )

① 책을 읽다　　　　　② 표정을 읽다
③ 악보를 읽다　　　　④ 파일을 읽다

4. 함께 이야기해 봅시다.

1) 중국 전통문화에서 까치와 까마귀가 상징하는 의미를 이야기해 봅시다.

2) 중국 전통문화에는 '용(龍)'이 많이 등장합니다. 용이 상징하는 의미를 구체적으로 이야기해 봅시다.

제 12 과 까치와 한민족의 전통문화

5. 다음 글을 읽고 글에 알맞은 제목을 붙인 후, 감상을 발표해 봅시다.

제목: _____

옛날 한 선비가 길을 가던 중 어디에서 신음소리가 나는 것을 듣고 살펴보았더니 큰 뱀이 까치 둥지 안의 까치 새끼들을 잡아먹으려고 하였다. 선비는 재빨리 활을 꺼내 뱀을 쏘아 까치들을 구해 주고는 갈 길을 재촉하였다. 산속에서 날이 어두워져 잘 곳을 찾다가 마침 불빛이 있는 곳을 찾아갔더니 예쁜 여자가 극진히 대접하였다.

한밤중에 자다가 갑갑해진 선비가 눈을 떴더니 여자가 뱀으로 변해 목을 감고는 "나는 아까 너에게 죽은 남편의 원수를 갚으려고 한다. 만약 네가 절 뒤에 있는 종을 세 번 울리면 살려줄 것이고 그렇지 않으면 죽이겠다."고 했다. 선비는 '이제 죽었구나.' 생각하고 종을 칠 궁리를 하던 중 갑자기 종소리가 세 번 울렸다. 여자는 곧 용이 되어 승천하였다.

이상하게 생각한 선비가 날이 밝자마자 종각으로 가 보았더니, 까치 세 마리가 머리에 피를 흘린 채 죽어 있었다. 낮에 선비가 구해 준 그 까치들이었다. 까치들은 선비의 은혜를 갚기 위해 머리로 종을 들이받아 종을 울려 선비를 구했던 것이다.

◆ 오늘의 명언

　　文化是一个国家、一个民族的灵魂。文化兴国运兴，文化强民族强。没有高度的文化自信，没有文化的繁荣兴盛，就没有中华民族的伟大复兴。

　　문화는 한 나라, 한 민족의 영혼이다. 문화가 융성하면 국운이 융성하고 문화가 강하면 민족도 강하다. 고도의 문화적 자신감이 없으면 문화의 번영 창성이 없고 아울러 중화민족의 위대한 부흥이 없다.

제13과 괜찮아

 **[읽어 두기]**

요점 정리: 이 글에서 작가는 깨엿 장수의 말 한마디에 새로운 삶을 살게 된 한 초등학생의 이야기를 통해 세상에 사랑과 희망이 넘쳐나기를 기원하고 있다.

본문 특징: ① 이 글은 작가가 어린 시절 겪었던 일을 통해 얻은 깨달음을 진솔하게 표현한 수필이다.

② 작가는 일상적으로 자주 쓰는 '괜찮아'라는 말의 의미와 가치를 통찰력 있게 이끌어 내었다.

지식 정보: ① 깨엿: 엿은 곡류나 서류(薯類)의 전분을 엿기름물로 삭힌 뒤 졸여 만든 한국의 전통 과자이다. 엿 자체를 간식으로 먹거나 강정이나 정과(正果)와 같은 한과를 굳힐 때 사용하기도 하며, 설탕이 없던 과거에는 단맛을 내는 조미료로도 사용하였다. 깨엿은 볶은 깨를 겉에 붙인 엿이다.

② 리어카(rear car): 고무 바퀴가 2개 달린 운반용 손수레를 일컫는 말이다.

 [본문]

초등학교 1학년 때였다.

하루는 우리 반이 좀 일찍 끝나서 나 혼자 집 앞에 앉아 있었다. 그런데 그때 마침 골목을 지나던 깨엿 장수가 있었다. 그 아저씨는 가위를 쩔렁이며, 목발을 옆에 두고 대문 앞에 앉아 있는 나를 흘낏 보고는 그냥 지나쳐 갔다. 그러더니 리어카를 두고 다시 돌아와 나에게 깨엿 두 개를 내밀었다. 아저씨는 아무 말도 하지 않고 아주 잠깐 미소를 지어 보이며 말했다.

"괜찮아."

나는 무엇이 괜찮다는 건지 몰랐다. 돈 없이 깨엿을 공짜로 받아도 괜찮다는 것인지, 아니면 목발을 짚고 살아도 괜찮다는 말인지……하지만 그건 중요하지 않았다. 중요한 것은 내가 그날부터 이 세상은 좋은 사람들이 있고, 착한 마음과 사랑이 있고, "괜찮아"라는 말처럼 용서와 너그러움이 있는 곳이라고 믿기 시작했다는 것이다.

"괜찮아!", 난 지금도 이 말을 들으면 괜히 가슴이 찡해진다.

깨엿 장수는 집 앞에 앉아 있던 나에게 뭐라고 했습니까?

'괜찮아!'라는 말은 나에게 어떤 변화를 가져왔습니까?

'괜찮아!'라는 말이 뜻하는 의미는 무엇입니까?

제 13 과 괜찮아

"그만하면 참 잘했다"고 용기를 북돋아 주는 말, "너라면 뭐든지 다 눈감아 주겠다"는 용서의 말, "무슨 일이 있어도 나는 네 편이니 넌 절대 외롭지 않다"는 위로의 말, "지금은 아파도 슬퍼하지 말라"는 격려의 말, 그리고 마음으로 일으켜 주는 응원의 말……"괜찮아!"

그래서 세상 사는 것이 만만치 않다고 느낄 때, 죽을 듯이 노력해도 맘대로 일이 풀리지 않는다고 생각될 때, 나는 내 마음 속에서 작은 속삭임을 듣는다. 오래 전 내 따뜻한 추억 속 골목길 안에서 들은 말—"괜찮아! 조금만 참아, 이제 다 괜찮아질 거야."

(출처: 장영희 수필 「괜찮아」 中 발췌)

이 글을 통하여 작가가 전하고자 하는 것은 무엇입니까?

메모:

[새 단어]

괜찮다	(形)	不要紧，没关系，还不错
좀	(副)	稍，稍微，有点
혼자	(名)	独自，单独
장수	(名)	商人，商家，生意人
쩔렁이다	(自动/他动)	当啷当啷响，丁零当啷响
목(木)발	(名)	拐杖，木杖
흘낏	(副)	瞟一眼，一瞥
지나치다	(他动)	经过，路过；过分，过头
공(空)짜	(名)	免费，白得，白给
용서(容恕)	(名)	宽恕，原谅
너그러움	(名)	宽宏，宽厚，厚道
괜히	(副)	无缘无故地，无端地，徒劳地
찡하다	(自动)	发酸，酸溜溜的
북돋우다	(他动)	鼓起，鼓励，激励，鼓舞
눈감아 주다	(惯)	睁只眼闭只眼，放过，视而不见，装作没看见
편(便)	(名)	方，面，边
만만치 않다	(惯)	不简单，不容小视
맘대로	(副)	随便，随心所欲
풀리다	(被动)	顺利解决；被解开
속삭임	(名)	悄悄话，窃窃私语
조금	(副)	稍微，略微，一点儿

제 13 과 괜찮아

 **[문법 설명]**

1. -라고/이라고: 조사

체언의 뒤에 붙어, 앞의 문장이 판단의 근거, 전제가 됨을 나타낸다. 보통 '라고/이라고 생각하다, 라고/이라고 믿다, 라고/이라고 간주하다, 라고/이라고 여기다' 등의 형태로 쓰인다.

예문:

1) 중요한 것은 내가 그날부터 이 세상은 좋은 사람들이 있고, 착한 마음과 사랑이 있고, '괜찮아.'라는 말처럼 용서와 너그러움이 있는 곳이라고 믿기 시작했다는 것이다.
2) 한국어를 너무 잘해서 한국 사람이라고 생각했어요.
3) 외모만 보고 함부로 나쁜 친구라고 판단하지 마세요.

2. -ㄹ/을 듯: 관용구

동사의 어간에 붙어, 비슷하거나 같은 정도의 뜻을 나타낸다.

관용구 '-ㄹ/을 듯'은 관형사형 어미 '-ㄹ/을'과 의존명사 '듯'이 결합된 표현이다.

예문:

1) 죽을 듯이 노력해도 맘대로 일이 풀리지 않는다고 생각될 때, 나는 내 마음 속에서 작은 속삭임을 듣는다.
2) 달리기를 꾸준히 했더니 몸이 날아갈 듯이 가벼워졌다.
3) 관중들의 힘찬 박수 소리에 공연장이 떠나갈 듯했다.

3. -든지: 조사

　　체언이나 부사의 뒤에 붙어, 선택의 의미를 나타낸다. 즉 여러 대상들 중에서 어느 것이든 가리지 않고 선택될 수 있음을 나타낸다. 보통, '언제, 어디, 누구, 무엇, 얼마' 등의 의문사와 결합하여 쓰인다.

예문:

1) 너라면 뭐든지 다 눈감아 주겠다.

2) 시간이 있으면 언제든지 오세요.

3) 우리 학교 학생이면 누구든지 출입할 수 있습니다.

 [연습 문제]

1. 본문의 내용에 근거하여 물음에 답하십시오.

　1) 엿에 관한 서술로 알맞은 것을 모두 고르십시오.

　　　　　　　　　　　　　　　　　　(　　　　　)

　　① 엿은 한국의 전통 과자이다.
　　② 엿은 설탕이 없던 과거에는 단맛을 내는 조미료로도 사용되었다.
　　③ 깨엿은 볶은 깨를 겉에 붙인 엿이다.
　　④ 깨엿은 한국인의 주식이다.

2) 본문의 내용과 일치하지 않는 것을 고르십시오.

(　　　　)

① 깨엿장수는 나에게 깨엿 두 개를 내밀면서 "괜찮아."하고 말하였다.
② 나는 깨엿 장수의 "괜찮아." 말 뜻을 바로 알아차렸다.
③ 나는 깨엿 장수를 만난 그날부터 새로운 삶을 살게 되었다.
④ 지금도 어려울 때면 "괜찮아." 그 말을 생각하면서 용기를 가진다.

2. 서로 알맞은 말을 연결하고 중국어로 번역하십시오.

① 새로운 •　　　　• 짓다
② 사랑이 •　　　　• 찡하다
③ 단맛을 •　　　　• 풀리다
④ 미소를 •　　　　• 짚다
⑤ 목발을 •　　　　• 삶
⑥ 가슴이 •　　　　• 넘치다
⑦ 눈감아 •　　　　• 내다
⑧ 일이 •　　　　• 주다

① _____
② _____
③ _____
④ _____

⑤ ....
⑥ ....
⑦ ....
⑧ ....

3. 다음 물음에 답하십시오.

※ 밑줄 친 단어와 바꾸어 쓸 수 있는 가장 알맞은 것을 고르십시오.

1) 하루는 우리 반이 좀 일찍 끝나서 나 혼자 집 앞에 앉아 있었다.

(   )

① 당분간　　　　　　② 얼마나
③ 오죽　　　　　　　④ 약간

2) 깨엿 장수는 목발을 옆에 두고 대문 앞에 앉아 있는 나를 <u>흘끗</u> 보고는 그냥 지나쳐 갔다.

(   )

① 똑바로　　　　　　② 힐끔
③ 훌쩍　　　　　　　④ 빤히

3) "무슨 일이 있어도 나는 네 편이니 넌 절대 외롭지 않다."는 <u>위로</u>의 말이다.

(   )

① 위문　　　　　　　② 격려
③ 위안　　　　　　　④ 위탁

제 13 과 괜찮아

4) 그래서 세상 사는 것이 만만치 않다고 느낄 때 나는 내 마음속의 작은 속삭임을 듣는다.

(   )

① 그런데   ② 그러나
③ 그리하여   ④ 그렇지만

※ **밑줄 친 단어의 반대말로 알맞은 것을 고르십시오.**

5) '괜찮아'라는 말처럼 용서와 너그러움이 있는 곳이라고 믿기 시작했다는 것이다.

(   )

① 고집스럽다   ② 인색하다
③ 옹졸하다   ④ 완고하다

※ **밑줄 친 단어의 뜻과 같은 뜻으로 사용된 것을 고르십시오.**

6) 아저씨는 아무 말도 하지 않고 아주 잠깐 미소를 지어 보이며 말했다.

(   )

① 집을 짓다   ② 이름을 짓다
③ 옷을 짓다   ④ 표정을 짓다

4. 함께 이야기해 봅시다.

1) "괜찮아." 라는 말 외에도 다른 사람에게 위로와 긍정의 힘을 주는 표현이 많습니다. 지금까지 살면서 여러분에게 가장 큰 힘이 되어 준 말 한마디를 소개해 봅시다.

2) "괜찮아!"라는 말에는 용기, 용서, 위로, 격려, 응원 등 다양한 긍정의 의미가 담겨 있습니다. 중국어에서 이런 표현을 찾아 같이 이야기해 봅시다.

5. 다음 글을 읽고 글에 알맞은 제목을 붙인 후, 감상을 발표해 봅시다.

제목: _____

마음은 우리의 손으로 만질 수 없는 부분입니다. 마음을 만져 줄 수 있는 사람만이 마음을 움직일 수 있습니다. 마음을 만져 줄 수 있는 비결은 먼저 마음을 주어야만 합니다. 그리고 마음을 움직일 수 있는 진실을 보여 주어야 합니다. 그렇게 하지 않으면 마음의 빗장을 열 수 없습니다.

마음을 만져 줄 수 있는 사람은 자신의 마음을 낮추어야 합니다. 높은 마음을 가지고 있는 사람에게는 아무도 마음의 문을 열지 않습니다. 최대한 낮추고 최대한 섬기는 자세로 다가가야 합니다.

마음을 움직이는 도구는 마음뿐입니다. 그 마음은 순수해야 합니다. 그 마음은 깨끗해야 합니다. 그 마음은 아름다워야 합니다. 그 마음은 상대방을 더 위하는 마음이어야 합니다.

제 13 과 괜찮아

성숙한 마음은 겸손한 마음입니다. 성숙한 마음은 세워 주는 마음입니다. 성숙한 마음은 덮어 주는 마음입니다. 성숙한 마음은 양보하는 마음입니다.

상대방의 싫은 소리도 잘 들어주고, 상대방의 감정도 잘 소화하고, 상대방의 결점도 잘 덮어 줄 수 있을 때 상대방으로부터 마음을 얻습니다. 마음을 얻는 것이 재물을 얻는 것보다 낫습니다.

메모:

◆ 오늘의 명언

法律是成文的道德，道德是内心的法律。

법률은 명문화된 도덕이고 도덕은 마음속의 법률이다.

제14과 아내의 빈자리

 **[읽어 두기]**

요점 정리: 이 글은 어머니에 대한 아들의 절절한 그리움을 감동적으로 그려 내고 있다.

본문 특징: ① 이 글은 어린 아들이 세상을 떠난 어머니에게 쓴 편지를 소재로 한 수필이다.

② 이 글은 소재가 참신하고 이야기가 감동적이다.

지식 정보: ① 출장소(出張所): 본청과 멀리 떨어진 지역 주민의 편의를 위해 설치된 본청의 직할 행정기관을 말한다. 출장소는 광역시·도청, 시·군·구청, 행정구청, 읍·면·동사무소 등으로부터 멀리 떨어진 지역에 거주하는 주민의 민원 편의를 위해 본청의 역할을 보조하는 수단으로 설치하는 경우가 대부분이다.

② 재롱(才弄)잔치: 어린아이들이 어른에게 재미있는 이야기를 들려주고 귀여운 행동을 보여주는 잔치이다. 재롱잔치는 유치원이나 초등학교 저학년에서 학부모들을 모셔놓고 공식적인 행사로 진행되는 경우가 많다.

[본문]

어느 하루, 일을 마치고 퇴근을 하려고 하는데 우리 동네 우체국 출장소에서 한 통의 전화가 걸려왔다. 우리 아들애가 주소도 쓰지 않고 우표도 부치지 않은 채 편지 100여 통을 넣는 바람에 연말에 우체국 업무에 지장을 끼친다고 온 전화였다.

우체국에 가서 편지를 받아 온 후 아들애를 불러놓고 왜 이런 짓을 했냐고 물었더니 아들애는 울먹이며 엄마한테 쓴 편지라고 했다. 순간 나는 울컥하며 눈시울이 뜨거워졌다.

아들애에게 다시 왜 한꺼번에 이렇게 많은 편지를 보내냐고 물어보았다. 그러자 아들애는 그동안 키가 닿지 않아 써 오기만 했는데 오늘 가 보니까 손이 닿아서 다시 돌아와 그동안 써 놓은 것을 다 들고 갔다고 대답했다.

나는 아들애에게 무슨 말을 해야 할지 몰랐다. 그래서 그저 아들애에게 엄마는 하늘나라에 갔으니 다음부터는 편지를 쓴 후 태워 버리면 꿈 속에 엄마를 볼 수 있다고 말했다.

밖으로 편지를 들고 나간 뒤 라이터 불을

우체국에서 어떤 전화가 걸려왔습니까?

아들애는 누구한테 쓴 편지라고 말했습니까?

아들은 왜 편지를 한꺼번에 보냈습니까?

나는 어떻게 아들애를 달랬습니까?

제 14 과 아내의 빈자리

켰다. 그러다가 문득 무슨 내용인가 궁금해 편지 한 통을 꺼내 보았다.

　보고 싶은 엄마에게:

　엄마, 지난주에 우리 유치원에서 재롱잔치를 했어. 근데 난 엄마가 없어서 가지 않았어. 아빠한테 말하면 엄마 생각날까 봐 하지 않았어. 아빠가 날 막 찾는 소리에 그냥 혼자서 재미있게 노는 척 했어. 그래서 아빠가 날 마구 때렸는데 얘기하면 아빠가 울까 봐 참고 얘기 안 했어.

　아빠가 보고 싶은 사람 사진을 가슴에 품고 자면 그 사람이 꿈에 나타난다고 했어. 그러니까 엄마 내 꿈에 한 번만 나타나. 그렇게 해 줄 수 있지? 약속해야 해.

　편지를 보고 나는 북받치는 눈물을 금할 수 없었다. 정말이지 아내의 빈자리는 너무 크기만 하다.

　　(출처: 이재종의 수필 「아내의 빈자리」 中에서 발췌)

아들의 편지에는 어떤 내용이 적혀 있었습니까?

아들애는 왜 재롱잔치에 가지 않았습니까?

아빠는 보고싶은 사람은 어떻게 하면 나타난다고 했습니까?

[새 단어]

마치다	(自动)	结束，完成，做完
지장(支障)	(名)	障碍，阻碍
끼치다	(他动)	添，带来，造成
울먹이다	(自动)	欲哭，含泪，哽咽
울컥하다	(自动/他动)	形容眼泪、血等突然流出来
눈시울	(名)	眼眶，眼圈
한꺼번에	(副)	一下子，一口气
닿다	(自动)	够得到，触及
그저	(副)	只是，仅仅是
하늘나라	(名)	天堂，天国
라이터(lighter)	(名)	打火机，点火机
문득	(副)	突然，忽然
꺼내다	(他动)	掏出，拿出
궁금하다	(形)	好奇
막	(副)	刚，马上，立刻；正
척하다	(助动)	装作，假装
마구	(副)	狠狠地，猛烈地；胡乱
품다	(他动)	搂，抱，怀抱
북받치다	(自动)	涌上，涌出
정말	(副)	真的，确实
금(禁)하다	(他动)	忍，忍住，抑制
빈자리	(名)	空位，空席；空缺

제 14 과 아내의 빈자리

 **[문법 설명]**

1. -ㄴ/은/는 채: 관용구

용언의 어간에 붙어, 이미 있는 상태 그대로를 나타낸다.

예문:

1) 우리 아들애가 주소도 쓰지 않고 우표도 부치지 않은 채 편지 300여 통을 넣는 바람에 연말에 우체국 업무에 지장을 끼친다고 온 전화였다.
2) 너무 피곤해서 옷도 갈아입지 않은 채 잠들었다.
3) 기차 시간에 늦을까 봐 부모님과 작별 인사도 못한 채 역으로 출발했다.
4) 그 아이는 부끄러운 듯 고개를 숙인 채 말했다.

2. -ㄹ/을까 봐: 관용구

용언의 어간에 붙어, 나중에 결과가 그렇게 될 것을 걱정함을 나타낸다. 앞 문장에는 보통 주어가 바라지 않는 일이 쓰인다.

예문:

1) 아빠한테 말하면 엄마 생각날까 봐 하지 않았어.
2) 오후에 비가 올까 봐 우산을 가져왔어요.
3) 약속을 잊어버릴까 봐 수첩에 적었어요.
4) 살이 찔까 봐 저녁에는 조금만 먹어요.

3. -ㄴ/은/는 척하다: 관용구

용언의 어간에 붙어, 사실은 그렇지 않은데 그렇게 보이려고 거짓 모습을 꾸민다는 뜻을 나타낸다.

예문:

1) 아빠가 날 막 찾는 소리에 그냥 혼자서 재미있게 노는 척했어.

2) 학교에 가기 싫어서 엄마한테 아픈 척했다.

3) 친구가 만들어준 음식이 맛이 별로였지만 맛있는 척했어요.

4) 사람들 앞이라 기분이 나쁜데도 좋은 척할 수밖에 없었다.

[연습 문제]

1. 본문의 내용에 근거하여 물음에 답하십시오.

1) 다음 중 재롱잔치에 관한 서술로 맞는 것을 모두 고르십시오.

(   )

① 어린아이들이 어른에게 재미있는 이야기를 들려준다.

② 어린아이들이 어른에게 귀여운 행동을 보여준다.

③ 재롱잔치는 유치원부터 중학교까지 진행된다.

④ 공식적인 행사로 진행되는 경우가 많다.

2) 본문의 내용과 일치하지 않는 것을 고르십시오.

(   )

① 100여 통의 편지는 아들애가 엄마한테 쓴 편지이다.

② 아들애의 엄마는 이 세상에 없는 사람이다.

③ 아들애는 재롱잔치에 엄마가 없어서 아버지를 불러 참가했다.

④ 아들애는 항상 엄마 사진을 가슴에 품고 잔다.

2. 서로 알맞은 말을 연결하고 중국어로 번역하십시오.

① 참신한 •   • 빈자리

② 감동적인 •   • 행사

③ 귀여운 •   • 눈물

④ 공식적인 •   • 소재

⑤ 북받치는 •   • 이야기

⑥ 너무 큰 •   • 행동

⑦ 꿈에 •   • 품다

⑧ 손이 •   • 나타나다

⑨ 가슴에 •   • 닿다

① --
② --
③ --
④ --
⑤ --
⑥ --
⑦ --
⑧ --
⑨ --

3. 다음 물음에 답하십시오.

※ **밑줄 친 단어와 바꾸어 쓸 수 있는 가장 알맞은 것을 고르십시오.**

1) 우표도 부치지 않은 채 편지 100여 통을 넣는 바람에 연말에 우체국 업무에 지장을 끼친다고 온 전화였다.

(   )

① 수고　　　　　　　② 신세
③ 고생　　　　　　　④ 방해

2) 순간 나는 눈시울이 뜨거워졌다.

(   )

① 방금　　　　　　　② 불쑥
③ 찰나　　　　　　　④ 불시에

3) 아들애에게 다시 왜 한꺼번에 이렇게 많은 편지를 보내냐고 물어보았다.

(   )

① 단번에　　　　　　② 단숨에
③ 순간에　　　　　　④ 갑자기

4) 그러니깐 엄마 내 꿈에 한 번만 나타나. 그렇게 해 줄수 있지? 약속해야 해.

(   )

① 규약　　　　　　　② 다짐
③ 기약　　　　　　　④ 선서

제 14 과 아내의 빈자리

※ **밑줄 친 단어의 반대말로 알맞은 것을 고르십시오.**

5) 아빠가 보고 싶은 사람 사진을 가슴에 품고 자면 그 사람이 꿈에 <u>나타난다</u>고 했어.

(   )

① 사라지다   ② 숨다
③ 상실하다   ④ 도망치다

※ **밑줄 친 단어의 뜻과 같은 뜻으로 사용된 것을 고르십시오.**

6) 오늘 가 보니깐 손이 <u>닿</u>아서 다시 돌아와 그동안 써 놓은 것을 다 들고 갔다고 대답했다.

(   )

① 키가 닿다   ② 기차가 역에 닿다
③ 연락이 닿다   ④ 숨이 턱에 닿다

4. 함께 이야기해 봅시다.

1) 가족 간에 있었던 감동적인 이야기를 같이 이야기해 봅시다.
2) 중국어에 '家国情怀'라는 말이 있는데 이 말을 어떻게 이해 할까요?

5. 다음 글을 읽고 글에 알맞은 제목을 붙인 후, 감상을 발표해 봅시다.

제목: _____

오래 전 어느 마을에 홀어머니를 모시던 딸이 먼 곳으로 시집을 가게 되었습니다. 워낙 먼 곳으로 시집을 와서 친정에 자주 가 보지 못하는 딸의 마음도 안쓰럽지만 멀리 딸을 보낸 어머니의 마음도 타들어 가고 있었습니다.

그렇게 항상 무거운 마음으로 밭에서 일하던 중 시집간 딸에게서 편지가 왔다는 반가운 소식이 왔습니다. 주변 사람들까지 반가워했지만, 어머니는 의아해했습니다. 가난한 형편에 딸에게 제대로 된 교육을 하지 못했기에 딸은 글을 읽을 줄도 쓸 줄도 몰랐기 때문입니다. 펼쳐 본 편지에는 아니나 다를까 글씨가 없었습니다. 대신 연기가 피어오르는 '굴뚝'과 훨훨 날아다니는 '새' 한 마리가 그려져 있었습니다. 다른 사람들은 이게 무슨 뜻인지 몰라하는데 어머니는 그림이 그려진 편지를 부둥켜안고 눈시울을 붉히며 말했습니다.

"우리 딸이, 엄마를 만나러 가고 싶은 마음이 굴뚝같은데 고향에 갈 새가 없어 마음이 아프다고 나에게 편지를 보냈어요."

제 14 과　아내의 빈자리

◆ **오늘의 명언**

　家庭是人生的第一个课堂，父母是孩子的第一任老师。

　가정은 인생의 첫 교실이고 부모는 어린이들의 첫 스승이다.

参考答案

제1과 한국어의 특징

1. 1) ①③④   2) ④

2. ① 획기적인 계기: 划时代的契机

   ② 본격적인 실용 단계: 正式进入实用阶段

   ③ 생활의 기반: 生活基础, 生活基底

   ④ 언어 사용의 차원: 语言实用层面, 语言使用层次

   ⑤ 윤리적 제도: 伦理制度

   ⑥ 대가족 문화: 大家族文化

   ⑦ 원활한 관계: 顺畅的关系

   ⑧ 사회 구성원 간의 통합: 社会成员之间的融洽

3. 1) ②   2) ②   3) ①   4) ②   5) ④   6) ③

4. 생략

5. 제목: 점 하나의 긍정의 힘

제2과 약손

1. 1) ①②③   2) ③

2. ① 신기한 약효: 神奇的药效

   ② 거룩한 사랑: 神圣的爱（神圣的爱情）

   ③ 신비로러운 미소: 神秘的微笑

   ④ 혼잣말로 중얼거리다: 喃喃自语，自言自语

   ⑤ 따뜻한 손길: 温暖的手

   ⑥ 냄새가 코를 찌르다: 气味刺鼻，味道刺鼻

   ⑦ 물끄러미 바라보다: 呆呆地看着，出神地看着

3. 1) ②   2) ③   3) ①   4) ④   5) ③   6) ②

4. 생략

5. 제목: 사랑이 물든 손

제3과 상길이와 박서방

1. 1) ①②③   2) ②

2. ① 대접을 받다: 受到……待遇

　② 심오한 이치: 深奥的道理，高深的道理

　③ 인간관계의 중요성: 人际关系的重要性

　④ 한눈에 드러나다: 一目了然，一览无余

　⑤ 나이가 지긋하다: 上了岁数，上了年纪

　⑥ 역정을 내다: 发脾气

　⑦ 대꾸를 하다: 顶嘴，答话

3. 1) ①   2) ④   3) ①   4) ②   5) ④   6) ④

4. 생략

5. 제목: 양초로 전하는 배려

제4과 아니 땐 굴뚝에 연기 날까

1. 1) ②③④   2) ①

2. ① 인적이 드물다 : 人迹罕至, 人烟稀少

   ② 지혜를 엿보다 : 智慧可见一斑

   ③ 구성이 긴밀하다 : 结构紧凑

   ④ 사방에 퍼지다 : 传向四方, 扩散开来

   ⑤ 아니 땐 굴뚝에 연기가 날까 : 空穴来风；无风不起浪；风不刮树不摇

   ⑥ 무리를 짓다 : 成群结队

3. 1) ④   2) ③   3) ①   4) ②   5) ③   6) ①

4. 생략

5. 제목: 효자와 고려장

제5과 세종대왕

1. 1) ①②④   2) ②

2. ① 훈민정음의 창제: 训民正音的创制

    ② 기틀을 마련하다: 打下基础，奠定基础

    ③ 사상적 원형: 思想原型

    ④ 위대한 업적: 伟大的业绩

    ⑤ 전성기를 이루다: 进入鼎盛时期

    ⑥ 실질적인 도움: 实际帮助，实质性的帮助

    ⑦ 찬란한 문화: 灿烂的文化

    ⑧ 괄목할 만한 공헌: 令人瞩目的贡献，令人刮目相看的贡献

3. 1) ①   2) ②   3) ③   4) ④   5) ②   6) ②

4. 생략

5. 제목: 백성을 사랑한 세종대왕

제6과 가을빛

1. 1) ①②③   2) ④

2. ① 붉게 물들이다 : 染红

   ② 강한 인상: 强烈的印象, 深刻的印象

   ③ 모질음에 지나지 않다: 只不过是挣扎而已

   ④ 생기와 희망으로 차 넘치다: 充满生机和希望

   ⑤ 눈이 실 지경: 眼花缭乱, 炫人眼目

3. 1) ③   2) ④   3) ④   4) ②   5) ③   6) ①

4. 생략

5. 제목: 좋은 것은 언제나 아름답다

제7과　한국의 전통 가옥

1. 1) ①②④　2) ③

2. ① 현명한 삶의 지혜 : 明智的生活智慧

    ② 간단명료한 설명: 简单明了的说明，简单扼要的说明

    ③ 자연을 느끼다: 感受自然

    ④ 이야기를 나누다: 交谈，叙话

    ⑤ 이부자리를 펴다: 铺被褥

    ⑥ 신발을 벗다: 脱鞋

3. 1) ④　2) ③　3) ①　4) ④　5) ③　6) ④

4. 생략

5. 제목: 세종대왕의 초가집

제8과 옳고 그름의 기준

1. 1) ①②④   2) ④

2. ① 옳고 그름의 기준: 是非标准

   ② 사람 답다: 像个人，像个人样

   ③ 사람답지 못하다: 不像人，不伦不类

   ④ 변증법적 사상: 辩证的思想

   ⑤ 대화형식: 对话形式

3. 1) ④   2) ②   3) ③   4) ①   5) ②   6) ③

4. 생략

5. 제목: 고통 속에서 웃음을 지켜낸다는 것

제9과 어울림을 즐기는 한국 식문화

1. 1) ①②④   2) ②③

2. ① 올바른 몸가짐: 正确的举止，端正的仪态

   ② 주제를 두드러지게 하다: 突出主题

   ③ 정신적 소득: 精神所得

   ④ 음식을 가리다: 挑食

   ⑤ 자리를 뜨다: 离席，离开座位

   ⑥ 자리를 마련하다: 设席

3. 1) ②   2) ④   3) ④   4) ②   5) ③   6) ①

4. 생략

5. 제목: 돈가스와 소스

제10과 열녀 춘향

1. 1) ①② 2) ②

2. ① 신분을 초월하다: 超越身份
   ② 의식을 반영하다: 反应意识
   ③ 백년가약을 맺다: 缔结百年之约
   ④ 시중을 들다: 伺候，服侍
   ⑤ 발악을 하다: 挣扎，拼命挣扎, 发狂
   ⑥ 분부를 거역하다: 违抗吩咐，违抗命令
   ⑦ 정신을 차리다: 振作精神，提起精神

3. 1) ② 2) ② 3) ③ 4) ① 5) ③ 6) ②

4. 생략

5. 제목: 임금이 밝으면 신하는 곧다

제11과 아름다운 이별

1. 1) ②③④   2) ③

2. ① 임종을 앞두다: 临终前

   ② 기적을 창조하다: 创造奇迹

   ③ 거동하기가 힘들다: 行动不便，行动困难

   ④ 겨울을 넘기다: 过冬，度过冬天

   ⑤ 말을 전하다: 传话，传言

   ⑥ 의식을 잃다: 失去知觉，失去意识

   ⑦ 세상을 떠나다: 去世，过世，与世长辞

   ⑧ 손을 잡다: 握手，牵手，手拉手，携手，联手

3. 1) ②   2) ③   3) ④   4) ③   5) ④   6) ①

4. 생략

5. 제목: 세상에서 제일 맛있는 피자

제12과 까치와 한민족의 전통문화

1. 1) ①②③   2) ④

2. ① 안타깝게 여기다: 感到惋惜
   ② 오작교를 놓다: 搭建鹊桥
   ③ 마음을 읽다: 读心
   ④ 이름을 붙이다: 起名，冠名
   ⑤ 관계를 유지하다: 维持关系
   ⑥ 둥지를 틀다: 筑巢，搭窝，做窝
   ⑦ 바다에 띄우다: 使……漂浮在海面

3. 1) ③   2) ④   3) ②   4) ②   5) ①   6) ②

4. 생략

5. 제목: 은혜 갚은 까치

제13과 괜찮아

1. 1) ①②③   2) ②

2. ① 새로운 삶: 新的生活，新生

   ② 사랑이 넘치다: 充满爱

   ③ 단맛을 내다: 增加甜味，弄出甜味

   ④ 미소를 짓다: 微笑，露出微笑

   ⑤ 목발을 짚다: 架双拐，拄拐杖

   ⑥ 가슴이 찡하다: 心酸，心里酸溜溜的

   ⑦ 눈감아 주다: 睁一眼闭一眼，视而不见，装作没看见

   ⑧ 일이 풀리다: 事情顺利解决，事情被解决

3. 1) ④   2) ②   3) ③   4) ③   5) ③   6) ④

4. 생략

5. 제목: 마음을 만져 줄 수 있는 사람

제14과 아내의 빈자리

1. 1) ①②④   2) ③

2. ① 참신한 소재: 崭新的素材, 崭新的题材
   ② 감동적인 이야기: 动人的故事
   ③ 귀여운 행동: 可爱的动作
   ④ 공식적인 행사: 正式活动
   ⑤ 북받치는 눈물: 涌出的泪水, 涌上的泪水
   ⑥ 너무 큰 빈자리: 很大的空位, 很大的空白
   ⑦ 꿈에 나타나다: 梦里出现, 出现在梦里, 梦见
   ⑧ 손이 닿다: 手够到, 力量所及
   ⑨ 가슴에 품다: 抱在怀里

3. 1) ④   2) ③   3) ①   4) ③   5) ①   6) ①

4. 생략

5. 딸이 편지를 보냈어요

中级韩国语阅读（1）

尊敬的老师：

您好！

为了方便您更好地使用本教材，获得最佳教学效果，我们特向使用该书作为教材的教师赠送本教材配套参考资料。如有需要，请完整填写"教师联系表"并加盖所在单位系（院）公章，免费向出版社索取。

北京大学出版社

教 师 联 系 表

教材名称	中级韩国语阅读（1）		
姓名：	性别：	职务：	职称：
E-mail：	联系电话：	邮政编码：	
供职学校：	所在院系：		（章）
学校地址：			
教学科目与年级：	班级人数：		
通信地址：			

填写完毕后，请将此表邮寄给我们，我们将为您免费寄送本教材配套资料，谢谢！

北京市海淀区成府路 205 号
北京大学出版社外语编辑部　刘　虹　　　邮 购 部 电话：010-62534449
邮政编码：100871　　　　　　　　　　　市场营销部电话：010-62750672
电子邮箱：liuhong@pup.cn　　　　　　　外语编辑部电话：010-62759634